Les adjectifs de couleur

bleu(e)   marron

rouge   violet(te)

jaune   beige

vert(e)   brun(e)

rose   noir(e)

orange   blanc(he)

Les jours de la semaine

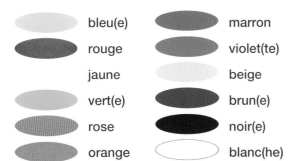

lundi
mardi
mercredi
jeudi
vendredi
samedi
dimanche

Les saisons	Les mois de l'année
l'hiver	janvier
	février
	mars
le printemps	avril
	mai
	juin
l'été	juillet
	août
	septembre
l'automne	octobre
	novembre
	décembre

La grammaire claire

Jun-ya WATANABE

sobi-shuppansha

表紙デザイン：小柳優衣
銅版画：小柳優衣 «fleurir!» (120×120mm、2010年)

音声について

　このテキストの音声は下記弊社のHPより、パソコンまたはスマートフォンから
オンラインで聴くことができます．

　テキスト上の囲まれた数字 000 は音声の頭出しを表します．この頭出し番号を
クリックすると音声が再生されます。

声の出演者：　　Léna Giunta (レナ・ジュンタ)

　　　　　　　　Sylvain Detey (スィルヴァン・ドゥテ)

　　　　　　　　　　　　　　　　録音スタジオ：スタジオユニバーサル

早美出版社 HPアドレス：http://www.sobi-shuppansha.com

ま　え　が　き

　ことばを学ぶうえで、文法がいかに重要であるかについては、わざわざ強調するまでもないでしょう。外国語を理解するにも、あるいは外国語で表現するにも、文法を知らなければ、相互に大きな誤解や混乱を生むおそれがあります。

　ところで、近年の大学における教育は、「平易さ」を旗じるしに、ときには「学生の学力低下」を理由に、教育内容を削減したり、一見新奇な提示方法に切りかえたりする傾向がみられます。残念ながら、語学教育にも同様の傾向がみられますが、こと文法に関するかぎり、教育内容を削減してはかえってわかりづらくなるものと考えられます。文法は、いわば新たな世界の道案内ですから、詳細であるべきです。また、初歩的な内容といえども、文法体系全体のなかに位置づけられてはじめて意味をもつので、全体の見通しを知ることも必要です。

　そのようなことを意識しながら、この教科書をつくりました。毎週1～2回、1年間の授業をとおして、フランス語の文法をひととおり理解することをめざしております。文法事項の分類や用語などについてはフランス文法の伝統に準じておりますが、説明のしかたにはさまざまな工夫をこころみました。また、あまり初級文法の教科書にはのっていない事項も盛りこんでありますので、初級の学習が終わってからも、ひきつづき参考書として活用していただけます。

♣本書で学ぶ学生のみなさんへ

　語学の習得には練習量が必要ですが、授業の時間数はかぎられていますので、授業外での学習に相当の時間をついやしていただくことが必要です。その際、つぎのような方法をおすすめいたします。

　文法部分の予習・復習に際しては、かならず音声を併用し、語形変化、例文などの口頭練習をじゅうぶん行なうことが肝要です。理想的には例文もすべて暗誦していただきたいのですが、すくなくとも、なめらかに発音できるようになるまではくりかえし練習してください。さらに、つづり字と発音の関係を意識しながら、なんども手書きしてください。

　そのうえで、練習問題 (EXERCICES)と仏文解釈 (VERSION) にとりくんでください。新しく出てきた単語は仏和辞典で調べ、わからないことは該当する文法の項目をかならず確認しましょう。時制や文要素の用語などは、巻末付録 (Appendice) を参照してください。授業などで解答の確認がおわったら、誤りを重点的に、納得できるまで見なおしてください。

♣本書をお使いくださる先生がたへ

　本書は、一般的な初級の文法教科書にくらべると多くの内容を扱っております。時間の制約や、授業の進行の都合によっては、かならずしもすべてを授業のなかで説明する必要はありませんので、項目を取捨選択していただければと思います。ひとつの課の文法項目の解説・練習がまだ途中でも、その課の練習問題の一部が扱える場合がありますので、順序については柔軟にお進めになるのも一法かと存じます。なお、各項目のねらいや留意点などをしるした教授用資料も用意いたしましたので、よろしければご参考になさってください。

　初版や原稿作成に貴重なコメントをたまわりました西村亜子先生、Sylvie Gillet 先生、Léna Giunta 先生、Sylvain Detey 先生、Baptiste Puyo さんにあつくお礼申し上げます。

改訂版刊行に際して

　初版で気づいた問題点を修正するとともに、例文、解説や仏文解釈の問題を増補しました。

　2022年 10月 1日

渡　邊　淳　也

Table des matières

Prononciation

1. フランス語のアルファベ *(alphabet français)* 002

A a	B b	C c	D d	E e	F f	G g
[ɑ]	[be]	[se]	[de]	[ə]	[ɛf]	[ʒe]

H h	I i	J j	K k	L l	M m	N n
[aʃ]	[i]	[ʒi]	[kɑ]	[ɛl]	[ɛm]	[ɛn]

O o	P p	Q q	R r	S s	T t	U u
[o]	[pe]	[ky]	[ɛːr]	[ɛs]	[te]	[y]

V v	W w	X x	Y y	Z z
[ve]	[dublǝve]	[iks]	[igrɛk]	[zɛd]

2. つづり字記号 *(signes orthographiques)* 003

´	アクサン・テギュ	accent aigu	é	café
`	アクサン・グラーヴ	accent grave	à, è, ù	meunière
^	アクサン・シルコンフレクス	accent circonflexe	â, ê, î, ô, û	crêpe
¨	トレマ	tréma	ë, ï, ü	Noël
¸	セディーユ	cédille	ç	garçon
'	アポストロフ	apostrophe	'	l'école
–	トレ・デュニオン	trait d'union	-	prêt-à-porter

3. 母音 *(voyelles)* 004

図：母音台形 *(trapèze vocalique)*

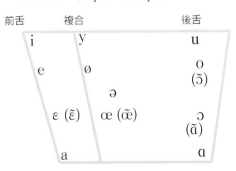

前舌母音	*(voyelles antérieures)*	[i]	[e]	[ɛ]	[a]	（口腔の前のほうで発音する母音）
後舌母音	*(voyelles postérieures)*	[u]	[o]	[ɔ]	[ɑ]	（口腔の後ろのほうで発音する母音）
複合母音	*(voyelles composées)*	[y]	[ø]	[œ]	[ə]	（前舌、後舌母音の特徴をあわせもつ）
鼻母音	*(voyelles nasales)*	[ã]	[ɛ̃]	[ɔ̃]	[œ̃]	（呼気を口腔と鼻腔に通す）
半母音*	*(semi-voyelles)*	[j]	[ɥ]	[w]		（[i], [y], [u] が短くなったもの）

（半母音は子音の一種ですが、以下で母音字の発音を学ぶ都合上ここで提示しています）

a	[a, ɑ]	ami [ami],	gras [grɑ]	
à	[a]	là [la]		
â	[ɑ]	âge [ɑːʒ],	château [ʃɑto]	
e	[ə, 無音]	petit [pəti],	amie [ami],	France [frãːs]
	[e, ɛ]	nez [ne],	merci [mɛrsi]	
é	[e]	café [kafe],	cité [site]	
è, ê	[ɛ]	crème [krɛm],	forêt [fɔrɛ]	
i, î, y	[i]	midi [midi],	île [il],	stylo [stilo]
o	[o, ɔ]	mot [mo],	école [ekɔl]	
ô	[o]	rôle [roːl]		
u, û	[y]	lune [lyn],	flûte [flyt]	

ai, ei	[ɛ]	lait [lɛ],	neige [nɛːʒ]	
au, eau	[o]	chaud [ʃo],	nouveau [nuvo]	
ou, où	[u]	chou [ʃu],	où [u]	
eu, œu	[ø, œ]	feu [fø],	fleuve [flœːv],	bœuf [bœf]
oi	[wa]	foie [fwa],	poisson [pwasɔ̃],	croissant [krwasã]
i, y + 母音	[j]	piano [pjano]		
u + 母音	[ɥ]	nuit [nɥi]		
ou + 母音	[w]	oui [wi]		
母音 **+ y** (=母音+**i**+**i**)		pays (= pai+is) [pei]		
		crayon (= crai+ion) [krɛjɔ̃]		
		royal (= roi+ial) [rwajal]		
¨ (=わけて発音)		naïf [naif],	Noël [nɔɛl]	

an(m), en(m)	[ã]	grand [grã],	ensemble [ãsãːbl]	
in(m), yn(m)	[ɛ̃]	dessin [desɛ̃],	simple [sɛ̃ːpl],	symbole [sɛ̃bɔl]
ain(m), ein(m)	[ɛ̃]	pain [pɛ̃],	sein [sɛ̃]	
on(m)	[ɔ̃]	pardon [pardɔ̃],	nom [nɔ̃]	
un(m)	[œ̃]	lundi [lœ̃di],	parfum [parfœ̃]	
ien	[jɛ̃]	bien [bjɛ̃],	parisien [parizjɛ̃]	
oin	[wɛ̃]	point [pwɛ̃],	coin [kwɛ̃]	
子音 **+ ill**	[ij]	fille [fiːj],	famille [famiːj]	
		例外 ville [vil],	mille [mil]	
母音 **+ il, ill**	[j]	travail [travaːj],	feuille [fœj]	

4. 子音 (consonnes)

調音法 (mode d'articulation) ＼ 調音点 (point d'articulation)		唇 (lèvres)	歯 (dents)	口蓋 (palais)
閉鎖子音 (consonnes occlusives)	無声 (sourdes)	[p]	[t]	[k]
	有声 (sonores)	[b]	[d]	[g]
摩擦子音 (consonnes fricatives)	無声 (sourdes)	[f]	[s]	[ʃ]
	有声 (sonores)	[v]	[z]	[ʒ]
鼻子音 (consonnes nasales)		[m]	[n]	[ɲ]
流子音 (consonnes liquides)			[l]	[r]

b	[b]	**b**é**b**é	[bebe]	**d** [d]	**d**ébut	[deby]	**f** [f]	**f**romage [frɔma:ʒ]
l	[l]	**l**oi	[lwa]	**m** [m]	**m**a**m**an	[mamã]	**n** [n]	a**n**imal [animal]
p	[p]	**p**a**p**a	[papa]	**v** [v]	**v**ie	[vi]	**z** [z]	**z**éro [zero]

c + a, o, u	[k]	**c**ôte [kɔt],	**c**al**c**ul [kalkyl]
c + e, i, y	[s]	**c**ité [site],	**c**e**c**i [səsi]
ç + a, o, u	[s]	gar**ç**on [garsɔ̃],	fran**ç**ais [frãsɛ]
g + a, o, u	[g]	**g**are [ga:r],	**g**outte [gut]
g + e, i, y	[ʒ]	collè**g**e [kɔlɛ:ʒ],	**g**elé [ʒəle]
ge + a, o, u	[ʒ]	pi**ge**on [piʒɔ̃]	
gu + e, i, y	[g]	**gu**itare [gita:r],	lan**gu**e [lãg]
j	[ʒ]	**j**ambon [ʒãbɔ̃],	**j**aponais [ʒapɔnɛ]
h	[無音]	**h**ôtel [otɛl],	**h**omme [ɔm] ただし §**8.** を参照.
q, qu	[k]	co**q** [kɔk],	dis**qu**e [disk]
r	[r]	**r**ouge [ru:ʒ],	**r**egard [rəga:r]
母音字＋**s**＋母音字	[z]	mai**s**on [mɛzɔ̃],	ro**s**e [ro:z]
他の **s**, **-ss-**	[s]	**s**iphon [sifɔ̃],	jeune**ss**e [ʒœnɛs]

ti	[ti, si]	mo**ti**f [mɔtif],	na**ti**on [nasjɔ̃]
th	[t]	**th**ème [tɛm],	**th**éâtre [teɑ:tr]
ph	[f]	télé**ph**one [telefɔn]	
ch	[ʃ]	**ch**anson [ʃãsɔ̃],	**ch**iffon [ʃifɔ̃]
gn	[ɲ]	co**gn**ac [kɔɲak]	
x	[ks, gz]	e**x**cuse [ɛksky:z],	e**x**emple [ɛgzã:pl]

◆語末の子音字は，ふつう発音されません : ra**t** [ra], Pari**s** [pari]

◆しかし c, r, f, l は，多くの場合，発音されます : la**c** [lak], pu**r** [py:r], bœu**f** [bœf], journa**l** [ʒurnal]

5. アンシェヌマン *(enchaînement)* 011

母音字 + 子音字 / 母音字 → [母音 / 子音 + 母音]

une école [ynekɔl], par avion [paravjɔ̃], il aime [ilɛm]

6. リエゾン *(liaison)* 012

母音字 + 発音されない子音字 / 母音字 → [母音 / 子音 + 母音]

冠詞と名詞，前置詞と名詞，主語人称代名詞と動詞など，緊密な関係の語のとき．
les hommes [lezɔm]，deux amis [døzami]

7. エリズィオン *(élision)* 013

子音字 + 語末で無音の e / 母音 → [子音 + 母音]

消された母音字のかわりにアポストロフをしるす．
ce + est → c'est [sɛ]，la + école → l'école [lekɔl]

8. 気音の h *(h aspiré)* 014

無音の h *(h muet)*	les hommes [lezɔm], l'hôtel [lotɛl]
気音の h *(h aspiré)*	les haricots [leariko], le héros [ləero]

　どちらも発音しないが，気音の h のまえでは，アンシェヌマン，リエゾン，エリズィオンをしない．辞書では，気音の h ではじまる見出し語に † などの記号がつく．

[Remarque]　強勢と韻律 (accent et rythme)
　たとえば英語では，récord といえば名詞，recórd といえば動詞というように，強勢の位置が単語ごとに固定されているのに対し，フランス語では単語に固有のアクセントはなく，ひと息で発音する長さ (これを韻律段落 groupe rythmique という) の最後の音節にゆるやかな強勢がおかれる (英語の強勢のように強くない)．韻律段落の長さは発話速度によって違ってくる．
　また英語では，たとえば The cats will eat the mice. というとき，cats, eat, mice の3つの強勢によってリズムをきざむ，**強勢にもとづく韻律** (rythme reposant sur l'accentuation) がみられるが，フランス語では，たとえば café au lait [kafeolɛ] というとき，[ka], [fe], [o], [lɛ] の4つの音節にひとしく時間をあたえる，**音節にもとづく韻律** (rythme syllabique) がみられる．結果として，フランス語の韻律は，流れが均一で，なめらかな印象をもたらす．

EXERCICES 015

発音の練習もかねて，あいさつの表現をおぼえましょう：

— Bonjour, monsieur.
— Bonjour madame, comment allez-vous?
— Je vais bien, merci. Et vous?
— Très bien, merci.

— Tiens, salut Claudine, ça va?
— Ça va. Et toi, tu vas bien?
— Oui, oui.

— Au revoir, Nicolas.
— Bonne nuit, Sylvie. À demain.

— Merci beaucoup, mademoiselle.
— Je vous en prie. (De rien.)

— Pardon, madame.
— Ce n'est rien, monsieur.

— Bonjour, messieurs-dames.
— Un café, s'il vous plaît.
— Et moi, un panaché.
— Voilà, un café et un panaché.
— Merci.

Leçon 1

9. 名詞の性 (genre) と数 (nombre) 016

名詞はすべて，文法的に，男性名詞か女性名詞のいずれかにわかれる. 自然界の性 (sexe) は，ふつう文法上の性 (genre) に反映するが，自然界の性をもたないものをさす名詞も文法上の性をもつ.

	自然界の性をもつ例	自然界の性をもたない例
男性名詞 (nom masculin)	père 父, frère 兄弟, coq 雄鶏	livre 本, cahier ノート
女性名詞 (nom féminin)	mère 母, sœur 姉妹, poule 雌鶏	montre 時計, table テーブル

♣複数形のつくり方

単数 (singulier)	複数 (pluriel)
−	− s [原則]
− eu, eau	− eux, eaux
− al	− aux
− s, -x, -z	無変化

livre → livres,　　poule → poules

cheveu → cheveux,　chapeau → chapeaux

animal → animaux,　journal → journaux

temps → temps,　voix → voix,　　nez → nez

▶複数語尾 -s, x, z はいずれも発音されない.

10. 不定冠詞 (articles indéfinis) 017

不特定のもの，聞き手にとって未知のものをさす名詞のまえにつける冠詞.

	単 数	複 数
男 性	un [œ̃]	des [de]
女 性	une [yn]	

un livre　本　→ des livres

une montre　時計 → des montres

▶ 母音や無音の h ではじまる語のまえではリエゾン・アンシェヌマンをする.
un arbre 木, une école 学校, des hommes [dezɔm] 男たち

11. C'est... / Ce sont... 018

C'est + 不定冠詞 + 単数名詞

これ（それ，あれ）は...です

Ce sont + 不定冠詞 + 複数名詞

これら（それら，あれら）は...です

▶ C'est のあとのリエゾンに注意.

C'est un livre.　⇒ Ce sont des livres.　これは本です.　⇒ これらは本です.

C'est un hôtel.　⇒ Ce sont des hôtels.　それはホテルです.　⇒ それらはホテルです.

C'est une montre. ⇒ Ce sont des montres. これは時計です.　⇒ これらは時計です.

12. 定冠詞 (*articles définis*) ⌑019⌑

特定のもの，聞き手にとって既知のものをさす名詞のまえにつける冠詞.

	単　数	複　数
男　性	**le** [lə]	**les** [le]
女　性	**la** [la]	

le livre　　　→ **les** livres
la montre　　→ **les** montres

▶母音と無音の h のまえで le, la は l′ になる (エリズィオン). les のあとはリエゾン.
　l'arbre 木, l'école 学校, les hommes [lezɔm] 男たち

　後ろに修飾語がついていると，それにより特定化されているとみなされ, 定冠詞がつく.
　le livre de Paul　ポールの本

　名詞があるカテゴリー全般をさす場合（総称）も，常識という点で既知とみなされ, 定冠詞がつく.
　L'homme est un roseau pensant. 人間 (というもの) は考える葦である.

　また，抽象名詞にも定冠詞がつく.
　la paix 平和　　(*cf.* 英語の peace は無冠詞)

13. 定冠詞の縮約形 (*les articles définis contractés*) ⌑020⌑

à + le → **au** [o]
à + les → **aux** [o]
de + le → **du** [dy]
de + les → **des** [de]

un café à + le lait　　　　→ un café **au** lait　　カフェオレ
à + les Champs-Elysées　→ **aux** Champs-Elysées　　シャンゼリゼで
l'histoire de + le Japon　→ l'histoire **du** Japon　　日本の歴史
le temps de + les cerises → le temps **des** cerises　　さくらんぼの季節

▶la, l' は縮約しない.　　un chou **à la** crème　シュークリーム,　le patron **de l'**hôtel　ホテルの支配人

♣ 国名と前置詞 à ⌑021⌑
「どこそこの国で/国に」は，男性単数名詞の国名のとき **au＋国名**になる.
　au Japon 日本で/に,　**au** Canada カナダで/に,　**au** Brésil ブラジルで/に
女性単数名詞の国名のとき **en＋国名**になる.
　en France フランスで/に,　**en** Italie イタリアで/に,　**en** Espagne スペインで/に,
ただし，男性単数名詞でも母音はじまりの国名のときは **en＋国名**になる.
　en Iran イランで/に,　**en** Israël イスラエルで/に
複数名詞の国名のとき **aux＋国名**になる.
　aux États-Unis アメリカ (合衆国) で/に,　**aux** Philippines フィリピンで/に

♣ 国名と前置詞 de
「どこそこの国の / 国から」は，男性単数名詞の国名のとき **du＋国名**になる.
　du Japon 日本の / から,　**du** Canada カナダの / から,　**du** Brésil ブラジルの / から
女性単数名詞の国名のとき **de＋国名**になる.
　de France フランスの / から,　**d'**Italie イタリアの / から,　**d'**Espagne スペインの / から
ただし，女性単数名詞でも「どこそこの国の」の意味で，かつその国名にとくに注目するときは **de la ＋
国名**になることもある.
　l'histoire **de (la)** France　フランスの歴史
男性単数名詞でも母音はじまりの国名のときは **d' ＋国名**になる.
　d'Iran イランの / から,　**d'**Israël イスラエルの / から
複数名詞の国名のとき **des＋国名**になる.
　des États-Unis アメリカ (合衆国) の / から,　**des** Philippines フィリピンの / から

14. 部分冠詞 *(articles partitifs)* 022

不可算名詞 (物質名詞, 抽象名詞) のまえにつき, その若干量をあらわす冠詞. 単数のみ.

男 性	**du**	du café コーヒー	du fromage チーズ
女 性	**de la**	de la tisane ハーブティー	de la patience 忍耐

▶ 母音, 無音の h のまえでは男女とも **de l'** になる.

De l'eau fraîche, s'il vous plaît.　　つめたい水をください.

抽象名詞はふつう定冠詞がつく (§12) が, 抽象名詞の内容を量的にとらえるなら部分冠詞がつく.

du courage　　　　　　　　　　いくらかの勇気
de la patience　　　　　　　　なにほどかの忍耐

量をあらわすには, **容器や単位の表現 ＋ de ＋ (無冠詞) 名詞**.

une tasse **de** thé　　　　　　カップ1杯のお茶
un bol **de** café au lait　　　ボール1杯のカフェオレ
un litre **de** vinaigre　　　　1リットルの酢
un pot **de** confiture　　　　ひと壺のジャム
un verre **d'**eau　　　　　　グラス1杯の水
une bouteille **de** vin rouge　ひと瓶の赤ワイン

un peu de 少しの, **beaucoup de** 多くの, **assez de** かなりの, **trop de** あまりに多くのなどの量表現
も同様.

Un peu de patience !　　　ちょっとの辛抱だよ!
Un café au lait... avec **beaucoup de** lait, s'il vous plaît.
　　　　　　　　　　　カフェオレ1つ... 牛乳をたくさん入れてください.

beaucoup de などのあとに可算名詞がくるときは名詞を複数形におく.

beaucoup d'étudiants　　　多くの学生たち
Assez de mensonges !　　　嘘はもうたくさん!

ただし, un peu のあとは不可算名詞のみ. 可算名詞の前は quelques.

quelques pommes　　　　いくつかのりんご

15. Voilà, voici, il y a 023

voilà 〜　　そこに/あそこに〜がある
Voilà une église.　　　　　　あそこに教会があります.
voici 〜　　ここに〜がある
Voici une ficelle.　　　　　　ここに紐があります.
遠近を区別しないときは voilà をひろく使う.
抽象的なものや, 話された内容もさす.
Voilà l'important.　　　　　　それが大事なことだ.
il y a 〜　　〜がある (あとに具体的な場所表現をつけて使うことが多い)
Il y a une tasse sur la table.　　テーブルの上にカップがある.
Il y a des livres sur l'étagère.　棚に本がある.
Il y a de l'eau dans la carafe.　カラフのなかに水がある.

EXERCICES

1. それぞれの文で，ひとつめの空所には不定冠詞，ふたつめの空所には定冠詞をおぎなってください．
024

1. Voici .... sac. C'est .... sac de Pierre.

2. Voilà .... église. C'est .... Église Saint-Séverin.

3. Voilà .... chats. Ce sont .... chats de Frédérique.

4. Voici .... musée. C'est .... Musée d'Orsay.

5. Voilà .... gare. C'est .... Gare de Lyon.

2. それぞれの文で，空所に部分冠詞の適切な形をおぎなってください． 025

1. Il y a .... eau dans la carafe.

2. Il y a .... pain sur la table.

3. Il y a .... café dans la tasse.

4. Il y a .... bière dans la bouteille.

3. それぞれの文の下線部の語句を（ ）のなかの語句にかえて，全文を書きかえてください．語句をかえたことにともなう変化に注意してください． 026

1. C'est la capitale de <u>la France</u>. (les États-Unis)

....

2. C'est la maison de <u>M. Boileau</u>. (le père Noël)

....

3. C'est le président de <u>la France</u>. (le Brésil)

....

4. À <u>Paris</u>, il y a du monde et du bruit. (le marché)

....

5. En <u>Italie</u>, il y a beaucoup de monuments. (Japon)

....

[Remarque] monsieur, madame, mademoiselle は，家族名またはフルネームの前ではつぎのように省略できる． 027

M. = monsieur

Mme = madame

Mlle = mademoiselle

Leçon **2**

16. 形容詞の一致 *(accord de l'adjectif)* ⑳₂₈

1) 名詞に直接かかる形容詞を付加形容詞 *(épithète)* という．付加形容詞は，原則として，名詞の後ろにおかれる．

un vin **rouge** 赤ワイン, de l'eau **chaude** 湯

▶ただし，つぎのような形容詞は名詞のまえにおかれる．

> **bon** よい, **mauvais** わるい, **grand** 大きい, **petit** 小さい, **beau** 美しい,
> **joli** きれいな, **jeune** 若い, **vieux** 古い・老いた, **nouveau** 新しい, **gros** 太い

un **petit** enfant 小さな子ども, un **bon** vin blanc おいしい白ワイン

2) 形容詞は語尾を変化させ，名詞に性数を一致させる．辞書の見出し語は男性単数形．原則として，複数形をつくるには **-s**，女性形をつくるには **-e** を語尾につける．

	単 数	複 数
男 性	un chat **noir** 黒い猫 un livre **intéressant** 興味深い本	des chats **noirs** des livres **intéressants**
女 性	une veste **noire** 黒いジャケット une histoire **intéressante** 興味深い話	des vestes **noires** des histoires **intéressantes**

　ふたつ以上の単数名詞にかかる形容詞は複数形．男性名詞・女性名詞がまじっているとき，形容詞は男性複数形におく．

langue et littérature **françaises** フランス語フランス文学, la mer et le ciel **bleus** 青い海と空

3) 複数形形容詞の直前では des は **de** にかわる．

de grands arbres 大きな木々

4) 形容詞の複数形のつくり方は名詞と同様．

gris → **gris** 灰色の, égal → **égaux** ひとしい, nouveau → **nouveaux** 新しい

5) 女性形のつくり方

男 性	女 性
—	—e [原則]
—e	無変化
—er	—ère
—f	—ve
—x	—se
—c の一部	—que
—c の一部	—che
—et の一部	—ète
—el, et, n, s の一部	—elle, ette, enne, sse

grand → **grande** 大きい
rouge → **rouge** 赤い
léger → **légère** 軽い
actif → **active** 活動的な
heureux → **heureuse** 幸せな
public → **publique** 公共の
blanc → **blanche** 白い
complet → **complète** 完全な
actuel → **actuelle** 現在の　　net → **nette** 正確な
bon → **bonne** よい　　gros → **grosse** 太い *etc.*

その他例外：frais → **fraîche** 冷たい　doux → **douce** 甘い　long → **longue** 長い *etc.*

6) 単数で, 母音や無音の h のまえで用いられる「男性第2形」をもつもの

男性形		男性第2形	女性形
beau	美しい	**bel**	**belle**
vieux	古い・老いた	**vieil**	**vieille**
nouveau	新しい	**nouvel**	**nouvelle**
mou	やわらかい	**mol**	**molle**
fou	狂った	**fol**	**folle**

un bel éclairage　美しい照明
un vieil homme　年老いた男
un nouvel outil　新しい道具

7) 形容詞には, 付加形容詞としての用法のほか, 文の述語の一部になる属詞 *(attribut)* としての用法もある. 属詞も名詞に性数を一致させる. §.18 参照.

L'art est **long**, mais la vie est **courte**.　学芸は長いが, 人生は短い.

17. 主語人称代名詞 *(pronom personnel sujet)* 029

		単　　数		複　　数	
1人称		**je**	[ʒə]	**nous**	[nu]
2人称		**tu**	[ty]	**vous**	[vu]
3人称	男　性	**il**	[il]	**ils**	[il]
	女　性	**elle**	[ɛl]	**elles**	[ɛl]

　2人称単数の tu は親密な相手に対して用いられ, 遠慮をおく相手には, 相手がひとりでも vous が用いられる.

　3人称の il, elle, ils, elles は, 性数さえ一致させれば, ひとをあらわす名詞のかわりにも, ものをあらわす名詞のかわりにも用いることができる.

　3人称複数の elles は女性のみのときに使い, 男女がまじっているときは ils を使う.

18. être の直説法現在 *(«être» au présent de l'indicatif)* 030

　動詞は, 叙法 (直説法, 条件法, 接続法など), 時制 (現在, 過去, 未来など), 人称 (1人称, 2人称, 3人称), 数 (単数, 複数) によって変化する. これを**活用** *(conjugaison)* という. 活用していない形を**不定法** *(infinitif)* という. 動詞を辞書でひくときは不定法でひく.

　être (〜である) の直説法現在　(←この動詞では être が不定法)

je	**suis**	[ʒəsɥi]	nous	**sommes**	[nusɔm]
tu	**es**	[tyɛ]	vous	**êtes**	[vuzɛt]
il	**est**	[ilɛ]	ils	**sont**	[ilsɔ̃]
elle	**est**	[ɛlɛ]	elles	**sont**	[ɛlsɔ̃]

形容詞 fatigué (疲れている) をもちいた例.

Je **suis** fatigué(e).　　　　Nous **sommes** fatigué(e)s.
Tu **es** fatigué(e).　　　　　Vous êtes fatigué(e)(s).
Il **est** fatigué.　　　　　　Ils **sont** fatigués.
Elle **est** fatiguée.　　　　　Elles **sont** fatiguées.

[練習]
japonais(e)(s),
français(e)(s)
をもちいて同様に活用.

19. 否定 (négation) 031

ne + 動詞の活用形 + pas	母音のまえで ne → n' (エリズィオン)

je	ne	suis	pas		nous	ne	sommes	pas
tu	n'	es	pas		vous	n'	êtes	pas
il	n'	est	pas		ils	ne	sont	pas

20. 全体疑問 (interrogation totale) 032

1) 「はい / いいえ」をたずねる疑問を全体疑問 (interrogation totale) という. 疑問詞を用いる疑問文を部分疑問 (interrogation partielle) という. 全体疑問文のつくり方はつぎの3つ.

   1. 後ろあがりの**音調** (intonation) による方法 (口語的).

     Tu es fatigué ?   疲れた?

   2. Est-ce que をつける方法.

     Est-ce que vous êtes japonais ?   あなたは日本人ですか.

     Est-ce qu'il est étudiant ?   彼は学生ですか. (母音のまえで que → qu')

   3. 主語倒置 (inversion du sujet) (文語的)

suis-je?	sommes-nous?	動詞と主語代名詞のあいだにトレデュニオン
es-tu?	êtes-vous?	trait d'union (-) をはさむ.
est-il?	sont-ils?	

   主語が代名詞でなく名詞のときは，3人称の主語代名詞で受けなおして倒置する. これを複合倒置という.

   Pierre **est-il** étudiant ?   ピエールは学生ですか.

2) 肯定疑問にこたえるには，**oui**, **non** が使われる.

   Tu es fatigué ?   つかれた?

   —**Non**, ça va.   いや，だいじょうぶだよ.

3) 否定疑問文は，**ne ... pas** で動詞の活用形をはさむ.

   Tu **n'es pas** fatigué ?   疲れてない?

   Est-ce que vous **n'êtes pas** japonais ?   あなたは日本人ではないのですか.

   N'est-il **pas** étudiant ?   彼は学生ではないのですか.

   否定疑問に「はい」でこたえるには **non**,   「いいえ」でこたえるには **si** がつかわれる.

   Tu n'es pas fatigué?   疲れてない?

   —**Non**, ça va.   うん，だいじょうぶだよ.

   Vous n'êtes pas japonaise?   あなたは日本人ではないのですか.

   —**Si**, je suis japonaise.   いいえ，日本人です.

EXERCICES

1. 単数形は複数形に，複数形は単数形にかえてください． ☐033

1. C'est un beau garçon. ....
2. C'est un nouvel hôtel. ....
3. C'est une petite boîte. ....
4. Ce sont de vieux hommes. ....
5. C'est un régime libéral. ....

2. [例] にならって，質問にこたえてください． tu, vous でたずねられたときは，自分のことをこたえてください． ☐034

[例] Vous êtes japonais(e) ? — Oui, je suis japonais(e)
Albert Camus est-il médecin ? — Non, il n'est pas médecin. Il est écrivain.

1. Est-ce que Brigitte Bardot est italienne ? — Non, ...
2. Arnold Schwarzenegger est allemand ? — Non, ...
3. Jackie Chan est-il chinois ? — Oui, ...
4. Est-ce que Françoise Hardy est actrice ? — Non, ...
5. Tu es vietnamien(ne) ? — ....
6. N'êtes-vous pas étudiant(e) ? — ....

3. つぎの疑問文を倒置型にあらためてください． ☐035

1. Est-ce que vous êtes japonais ? ....
2. Est-ce que Brigitte Bardot est italienne ? ....
3. C'est un médicament ? ....
4. Pierre n'est pas célibataire ? ....
5. Ils ne sont pas étudiants ? ....

[Remarque] ☐036

国籍・職業をあらわす形容詞や名詞が être のあとにくるとき冠詞は不要．
　Il est japonais. 彼は日本人です． 　Il est médecin. 彼は医者です．

国籍形容詞 :	日本人 japonais(e),	フランス人 français(e),	イギリス人 anglais(e),
	ドイツ人 allemand(e),	スペイン人 espagnol(e),	イタリア人 italien(ne),
	ベルギー人 belge,	スイス人 suisse,	アメリカ人 américain(e),
	カナダ人 canadien(ne),	中国人 chinois(e),	ヴェトナム人 vietnamien(ne),
	アルジェリア人 algérien(ne)		

職業名詞 :	学生 étudiant(e),	会社員 employé(e),	公務員 fonctionnaire,	俳優／女優 acteur / actrice,
	歌手 chanteur(euse),	秘書 secrétaire,	記者 journaliste,	教師 professeur(e),
	医者 médecin,	作家 écrivain(e),	技術者 ingénieur(e),	弁護士 avocat(e)

Leçon **3**

21. 指示形容詞 *(adjectifs démonstratifs)* 〔037〕

「この/その/あの〜」にあたる形式で，名詞のまえで使われる.

	単 数		複 数
男 性	**ce**	[sə]	**ces** [se]
女 性	**cette**	[sɛt]	

ce livre　　この本　→ **ces** livres

cette fleur　この花　→ **ces** fleurs

▶ 母音と無音の h のまえでは ce は **cet** になる. cet homme

Cette revue est très intéressante.　　この雑誌はとても興味ぶかい.

Ces roses sont magnifiques !　　これらのバラはみごとだ !

遠近を示すには, 名詞のあとに -ci (近いもの), -là (遠いもの) をつける.

ce livre-**ci**　　この本　　　　ce livre-**là**　　　あの本

22. 所有形容詞 *(adjectifs possessifs)* 〔038〕

「わたしの本」での「わたしの〜」などにあたる形式で，名詞のまえで使われる.

所有者 ＼ 被所有物	男性単数	女性単数	複 数
1人称 単数	**mon**	**ma** (mon)	**mes**
2人称 単数	**ton**	**ta** (ton)	**tes**
3人称 単数	**son**	**sa** (son)	**ses**
1人称 複数	**notre**		**nos**
2人称 複数	**votre**		**vos**
3人称 複数	**leur**		**leurs**

mon père　わたしの父,　　**ma** mère　　わたしの母,　　**mes** parents　わたしの両親

notre fils　私たちの息子,　　**notre** fille　私たちの娘,　　**nos** enfants　私たちの子どもたち

son problème　　　　　彼の (彼女の, それの) 問題,

sa clef　　　　　　　彼の (彼女の, それの) 鍵,

ses nouvelles　　　　　彼の (彼女の, それの) 近況

▶ ma, ta, sa は母音や無音の h のまえでは mon, ton, son となる.

avec **mon** ami　わたしの男友だちと,　　avec **mon** amie (×ma amie)　わたしの女友だちと

23. avoir の直説法現在 *(avoir au présent de l'indicatif)* 〔039〕

avoir (もつ)

j'	**ai**	[ʒe]	nous **avons**	[nuzavɔ̃]
tu	**as**	[tya]	vous **avez**	[vuzave]
il	**a**	[ila]	ils **ont**	[ilzɔ̃]

je のエリズィオン (j') と複数でのリエゾンに注意.

J'**ai** une villa en Provence.　　　　　　　わたしはプロヴァンスに別荘をもっている.
Vous **avez** des crayons ?　　　　　　　　鉛筆ありますか?
J'**ai** froid / chaud / faim / soif / sommeil.　　わたしは寒い / 暑い / おなかがすいた / のどがかわいた / 眠い.
J'**ai** mal à la tête / à la jambe / à l'estomac / au dos / aux dents.
　　　　　　　　　　　　　　　　　　　　　　わたしは頭が / 脚が / 胃が / 背中が / 歯が痛い.

♣ **否定形**

je	**n'ai**	**pas**	nous	**n'avons**	**pas**
tu	**n'as**	**pas**	vous	**n'avez**	**pas**
il	**n'a**	**pas**	ils	**n'ont**	**pas**

母音のまえで ne → n'（エリズィオン)

Si tu **n'as** **pas** ton café, tu **n'as** **pas** ta maison. (proverbe parisien)
　きみの (行きつけの) カフェがないなら, きみは家がないようなものだ. (パリのことわざ)

▶ 否定文では, 直接目的補語につく不定冠詞・部分冠詞は **de** にかわる.
Je n'ai pas **de** temps.　　　　　　　　わたしには時間がない. (×du temps)
Il n'y a pas **de** règle sans exception.　　例外のない規則はない. (×une règle)
倒置疑問形3人称単数では母音衝突 hiatus をきらって a-t-il ?, a-t-elle ? のように -t- がはいる.
Y a-t-il quelque chose dans le tiroir ?　　ひきだしの中に何かありますか.

24.　**疑問形容詞** (*adjectifs interrogatifs*) 040

名詞に関係して,「どの, どちらの, どんな, 何の」という疑問をあらわす.

	単　数	複　数
男　性	**quel**	**quels**
女　性	**quelle**	**quelles**

Quel animal aimez-vous ?　　　　どんな動物が好きですか.
Quel est ton nom ?　　　　　　　きみの名前はなんていうの?
Quelles sont ces fleurs ?　　　　これらの花は何ですか.
Quelle est votre nationalité ?　　あなたの国籍はどちらですか.
De **quelle** couleur est ta voiture ?　きみの車はなに色ですか.

25.　**数詞** (*numéraux*) 041

1) **基数詞** (*numéraux cardinaux*) 1〜29

1. un (une)	6. six	11. onze	16. seize	21. vingt et un (une)	26. vingt-six
2. deux	7. sept	12. douze	17. dix-sept	22. vingt-deux	27. vingt-sept
3. trois	8. huit	13. treize	18. dix-huit	23. vingt-trois	28. vingt-huit
4. quatre	9. neuf	14. quatorze	19. dix-neuf	24. vingt-quatre	29. vingt-neuf
5. cinq	10. dix	15. quinze	20. vingt	25. vingt-cinq	

・子音ではじまる名詞が後続するときは, cinq, six, huit, dix の語末子音を発音しない. cinq personnes 5人
・母音 (または無音の h) ではじまる名詞が後続するときは, deux, trois, six, dix から [z] でリエゾンをする.
　また, neuf は通常 [f] でアンシェヌマンをするが, ans, heures のまえでは [v] でリエゾンをする (区別のため者をリエゾンとよぶ). neuf heures 9時
・21では et を挿入し, et のまえでリエゾンやアンシェヌマンをする.

2) **序数詞** (*numéraux ordinaux*)

1er, 1ère premier (première)

2e deuxième (second(e) 発音注意 [səgɔ̃(d)]

3e troisième

4e quatrième... 以下，基数詞 **+ ième** で序数詞になる.

ただし 5e cinquième, 9e neuvième, 21e vingt et unième (31e, 41e...) は例外的.

3) **時間表現** (*expressions de temps*) [042]

時刻： Quelle heure est-il ?　　　　　　　　何時ですか.

Vous avez l'heure ?　　　　　　　　時間わかりますか.

—Il est une heure (1h)　　　　　　　1時です.

deux heures (2h)	2時	···	neuf heures (9h)	9時
dix heures (10h)	10時		onze heures (11h)	11時
midi	正午		minuit	午前0時
deux heures dix	2時10分		deux heures et quart	2時15分
deux heures et demie	2時半		six heures moins cinq	6時5分前
six heures moins le quart.	6時15分前		6h du matin	朝 (午前) 6時
3h de l'après-midi	午後3時		8h du soir	夜の8時

ただし，フランス語では24時間制が好まれる.

On a rendez-vous à 17h.　　　　　　　17時に待ち合わせている.

曜日： lundi 月曜日, mardi 火曜日, mercredi 水曜日, jeudi 木曜日, vendredi 金曜日, samedi 土曜日,
dimanche 日曜日.

Quel jour sommes-nous aujourd'hui ?　　　　きょうは何曜日ですか.

ーNous sommes lundi.　　　　　　　月曜日です.

月日： janvier 1月,　février 2月,　mars 3月,　　avril 4月,　　mai 5月,　　　juin 6月,

juillet 7月,　août 8月,　septembre 9月,　octobre 10月,　novembre 11月,　décembre 12月

en janvier	1月に,
au mois de janvier	1月に,
le 1er (premier) mai	5月1日（日にちは1日（ついたち）だけ序数）,
le 14 (quatorze) juillet	7月14日,
le mardi 22 novembre	11月22日火曜日

Le combien sommes-nous ?　　　　　　きょうは何日ですか.

ーNous sommes le 6 décembre.　　　　ー12月6日です.

季節： printemps 春,　　　été 夏,　　　automne 秋,　　　hiver 冬
au printemps 春に,　en été 夏に,　en automne 秋に,　en hiver 冬に

年齢： Quel âge avez-vous ?　　　　　　あなたは何歳ですか.

ーJ'ai vingt ans.　　　　　　　ー20歳です.

年代 (西暦) については次課参照.

EXERCICES 043

1. 適切な所有形容詞を用いて，空所をおぎなってください.

1. Excusez-moi, c'est votre stylo ? —Oui, c'est .... stylo.

2. Est-ce que ces livres sont à Marie ? —Non, ... livres.

3. Est-ce la valise de M. Ducrot ? —Oui, c'est .... valise.

4. Est-ce mon café ? —Oui, c'est .... café.

5. Elle est ton amie ? —Oui, elle est .... amie.

2. [例] にならって，質問に肯定と否定の両方でこたえてください. 044

[例] Avez-vous des frères ?
　—Oui, j'ai des frères. / Non, je n'ai pas de frères.

1. Michèle a dix-huit ans ?
.... / ....

2. Est-ce que M. et Mme Boileau ont une villa ?
.... / ....

3. N'a-t-il pas d'argent ?
.... / ....

4. Tu as faim ?
.... / ....

5. Est-ce que vous avez des enfants ?
.... / ....

3. [例] にならって，指定された時間を12時間制と24時間制の両方でこたえてください. 045

[例] 夜 8 時 ⇒ Il est huit heures du soir. / Il est vingt heures.

1. 朝 9 時半
.... / ....

2. 昼12時20分
.... / ....

3. 午後15時45分
.... / ....

4. 夜18時15分
.... / ....

5. 夜23時10分まえ
.... / ....

Leçon **4**

26. 第1群規則動詞 *(verbes réguliers du premier groupe)* 046

1) 動詞は，不定法の語尾でわけると，**-er型, -ir型, -oir型, -re型** の4とおりがある．
また，活用のしかたでわけると，第1群規則動詞，第2群規則動詞，第3群不規則動詞の3とおりがある．活用のしかたと語尾の対応関係はつぎのようになる．

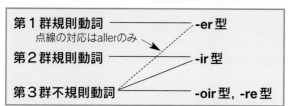

2) aller以外の -er型はすべて規則的に活用する．それらを第1群規則動詞という．第1群規則動詞の直説法現在の活用は，不定法語尾 -er にかえて，つぎのように語尾を交代させる．

je	**...e**	[無音]	nous	**...ons**	[ɔ̃]
tu	**...es**	[無音]	vous	**...ez**	[e]
il	**...e**	[無音]	ils	**...ent**	[無音]

上表に示した語尾より前の，変化しない部分を語幹という．

♣ **parler** 話す（語幹 parl-）

je	parle	nous	parlons
tu	parles	vous	parlez
il	parle	ils	parlent

♣ **habiter** 住む（語幹 habit-）

j'	habite	nous	habitons
tu	habites	vous	habitez
il	habite	ils	habitent

[練習]
第1群規則動詞
regarder,
tourner,
aimer の活用．

Parlez-vous français ?
— Oui, un peu.
Vous **habitez** à Paris ?
— Non, j'habite en banlieue.

フランス語を話せますか？
ーええ，少し．
パリに住んでおられるのですか？
ーいいえ，郊外に住んでいます．

3) 倒置疑問は単数の1人称と3人称に注意．

(parl**é**-je ?)	parlons-nous ?
parles-tu ?	parlez-vous ?
parle-t-il ?	parlent-ils ?

je parle を倒置するには、音をささえるため parlé-je ？とするが、やや古風なので、こんにちでは je parle の倒置形自体をさける傾向がある．
一般的に、3人称単数の活用形が、-a または -e でおわるとき、倒置疑問に -t- が入る．

4) 第1群規則動詞のうち変則的なもの．
1. 語幹の最後の子音字の音を保つため，nousの活用でつづりをかえるもの．

♣ **manger** 食べる

je	mange	nous	**mangeons**
tu	manges	vous	mangez
il	mange	ils	mangent

同じ活用：changer, déménager, déranger, nager, obliger, voyager など -ger でおわる動詞

♣ **avancer** 進む/進める

j'	avance	nous	**avançons**
tu	avances	vous	avancez
il	avance	ils	avancent

同じ活用：annoncer, prononcer, commencer など -cer でおわる動詞

2. 無音のeが2音節以上つづくことをさけ, [ε] 音になるようつづりをかえるもの.

♣ **appeler** 呼ぶ

j'	**appelle**	nous	appelons
tu	**appelles**	vous	appelez
il	**appelle**	ils	**appellent**

同じ活用：jeter, rejeter, rappeler など

♣ **acheter** 買う

j'	**achète**	nous	achetons
tu	**achètes**	vous	achetez
il	**achète**	ils	**achètent**

同じ活用：achever, amener, mener, lever, peser, promener など

3. 子音でおわる音節で発音しづらい [e] 音をさけ, [ε] 音になるようつづりをかえるもの.

♣ **espérer** 期待する

j'	esp**è**re	nous	esp**é**rons
tu	esp**è**res	vous	esp**é**rez
il	esp**è**re	ils	esp**è**rent

同じ活用：posséder, préférer, sécher など

appeler 型, acheter 型, espérer 型の動詞の活用で [ε] 音をもつ語幹を**強語幹**, [ə] (または [e]) 音をもつ語幹を**弱語幹**という. 強語幹は je, tu, il, ils の活用形にあらわれる.

4. -ayer, -oyer, -uyer でおわる動詞は, 活用語尾が無音のとき y が i にかわる.

♣ **envoyer** 送る

j'	envo**i**e	nous	envoyons
tu	envo**i**es	vous	envoyez
il	envo**i**e	ils	envo**i**ent

同じ活用：payer, employer, essuyer など

En France, l'année scolaire **commence** en septembre.　フランスでは学年は9月にはじまる.
Il **jette** au feu de vieux papiers.　彼は古い紙を火に投げ入れている.
Elle **achète** du pain tous les matins chez le boulanger.　彼女は毎朝パン屋でパンを買う.
Je **préfère** le thé au café.　わたしはコーヒーより紅茶が好きです.
Vous **payez** par carte ou en espèces ?　カードで支払いますか、現金で支払いますか？
J'**envoie** un message à mes parents.　わたしは両親にメッセージを送ります.

27. 第2群規則動詞 *(verbes réguliers du deuxième groupe)* 047

不定法が -ir でおわる動詞の大半は規則的に活用する．それらを第2群規則動詞とよぶ．複数で -iss- がはいることに注意．

語尾変化のしかた

je	...is	nous	...issons
tu	...is	vous	...issez
il	...it	ils	...issent

♣ **finir** 終わる/終える （語幹 fin-）

je	**finis**	nous	**finissons**
tu	**finis**	vous	**finissez**
il	**finit**	ils	**finissent**

[練習]
第2群規則動詞
choisir, grandir, vieillir の活用．

Ils **obéissent** à leurs parents.   彼らは両親にしたがう．

Elle **rougit** de honte.   彼女は恥で赤くなる．

Nous **choisissons** de délibérer avant même toute délibération. (Sartre)   われわれはあらゆる決定にさきだち，決定すること自体を選択している．（サルトル）

28. 数詞 (つづき) *(numéraux –suite)* 048

1) 基数詞 (つづき) *(numéraux cardinaux –suite)*

30 trente	**31** trente et un (une)	**32** trente-deux...
40 quarante	**41** quarante et un (une)	**42** quarante-deux...
50 cinquante	**51** cinquante et un (une)	**52** cinquante-deux...
60 soixante	**61** soixante et un (une)	**62** soixante-deux...
70 soixante-dix	**71** soixante et onze	**72** soixante-douze...
80 quatre-vingts	**81** quatre-vingt-un(e)	**82** quatre-vingt-deux...
90 quatre-vingt-dix	**91** quatre-vingt-onze	**92** quatre-vingt-douze...
96 quatre-vingt-seize	**97** quatre-vingt-dix-sept ...	**99** quatre-vingt-dix-neuf
100 cent	**101** cent un(e)	**102** cent deux...
200 deux cents	**201** deux cent un(e)	**202** deux cent deux...
1000 mille	**1001** mille un(e) ...	**2000** deux mille
10000 dix mille	**100000** cent mille	**1000000** un million

- 31, 41, 51, 61, 71 では et を挿入し，et のまえでアンシェヌマンをする．
- 80 ちょうどのときだけ vingt に s がつく．また，200, 300, 400... などのちょうどの数のときだけ cent に s がつく．
- mille は無変化．ただし，1000年から1999年までの年代の表記では，mille のかわりに mil とつづられる場合もある．古くは単数形が mil，複数形が mille だった名残り．
  (l'an) mil(le) neuf cent quatre-vingt-quinze (=1995), deux mille trente (=2030)
  さらに，古風な言い方で，mil(le) のかわりに dix ということもある．
  dix-sept cent quatre-vingt-neuf (=1789)
- million のあとに名詞をつけるときは de を介する． un million d'euros 100万ユーロ

2) 序数詞 (つづき) *(numéraux ordinaux – suite)*

30e 以上も基数詞のあとに **-ième** をつければよい． 80e quatre-vingtième

ただし，21e vingt et unième 同様，31e, 41e... 71e も et のあとの要素だけに -ième をつける．

61e soixante et unième   71e soixante et onzième

EXERCICES

1. かっこのなかの動詞を直説法現在に活用させてください. 049

1. D'habitude, je (déjeuner) .... à midi.

2. Les touristes (monter)..................................... dans le train.

3. J'(habiter) .... à Tokyo, mais mes parents (habiter) .... à Osaka.

4. Nous ne (regarder) .... pas la télévision pendant le repas.

5. Elle (porter) .... une belle robe.

6. Tu (aimer) .... les crêpes ? — Oui, j'(adorer) .... les crêpes !

7. Nous (commencer) .... le travail à neuf heures.

8. Nous (manger) .... souvent de la choucroute.

9. Vous (préférer) .... la montagne à la mer, mais je (préférer) .... la mer.

10. Georges est gros. Il (peser) .... quatre-vingt-dix kilos !

2. かっこのなかの動詞を直説法現在に活用させてください. 050

1. Ce cours (finir) .... à trois heures et demie.

2. Ces chats (grandir) .... vite.

3. Nous (choisir) .... du sorbet comme dessert.

4. Je (réfléchir) .... à ma situation.

5. En automne, les feuilles (jaunir) ....

6. Au printemps, les champs (fleurir) ....

[Remarque]

aimer, adorer, préférer, détester など, 好悪をあらわす動詞の直接目的補語には, §12で説明した総称の定冠詞 (可算名詞には複数, 不可算名詞には単数) をつける.

    J'aime **les** pommes.   わたしはりんごが好きです.

    Pierre adore **le** vin.   ピエールはワインが大好きです.

Leçon 5

29. 疑問代名詞 *(pronoms interrogatifs)* [051]

1) 「だれ」・「なに」を問う疑問代名詞

	「だれ」	「なに」
主語	qui, qui est-ce qui	qu'est-ce qui
直接目的補語・属詞	qui, qui est-ce que	que, qu'est-ce que
前置詞のあとで	qui	quoi

Qui chante cette chanson ?   だれがこの歌をうたっているのですか.
/ Qui est-ce qui chante cette chanson ?   だれがこの歌をうたっているのですか.
ー C'est Léo Ferré.   ーレオ・フェレです.

Qu'est-ce qui se passe ?   なにが起きたのですか.
ー C'est un accident de voiture.   ー自動車の事故です.

Qui cherchez-vous ?   だれをさがしているのですか.
/ Qui est-ce que vous cherchez ? [直接目的補語]   だれをさがしているのですか.
ー Je cherche M. Boileau.   ーボワローさんをさがしています.

Qui est-ce ? [属詞]   これはだれですか.
ー C'est Brigitte Bardot.   ーブリジット・バルドーです.

Que cherchez-vous ?   なにをさがしているのですか.
/ Qu'est-ce que vous cherchez ? [直接目的補語]   なにをさがしているのですか.
ー Je cherche ma clé.   ーわたしの鍵をさがしています.

Qu'est-ce qu'il y a ? [直接目的補語]   なにごとですか.
ー Rien.   ーなんでもありません.

Ça, qu'est-ce que c'est ? [属詞]   これはなんですか.
ー C'est un coupe-papier.   ーペーパーナイフです.

À qui penses-tu ?   だれのことを考えているの?
ー Je pense à Marie.   ーマリーのことを.

À quoi pensez-vous ?   なんのことを考えていますか.
ー Je pense aux vacances.   ー休暇のことを考えています.

▶ est-ce que 型疑問詞に関するまとめ (前と後ろで qui / que の区別するものがちがう)

Qui (だれ) ＞ est-ce ＜ qui (主語)
Qu' (なに) que (直接目的補語・属詞)

人か物か　　　　　　　　文中の役割

2) 「どれ，どちら」にあたる疑問代名詞 (定冠詞と疑問形容詞の連結)

	単 数	複 数
男 性	lequel	lesquels
女 性	laquelle	lesquelles

Lequel de ces tableaux préférez-vous ?
これらの絵のうちどちらが好きですか.

♣ à, de のあとでは定冠詞に準じて縮約する.

auquel,	à laquelle,	auxquels,	auxquelles
duquel,	de laquelle,	desquels,	desquelles

Auquel des élèves donnons-nous le prix ?　　　　どの生徒に賞をあたえましょうか.

30. 疑問副詞 *(adverbes interrogatifs)* 052

Quand いつ **Où** どこに **Comment** いかに **Pourquoi** なぜ **Combien** いくつ/いくら

Quand est-ce qu'il rentre chez lui ?　　　　彼はいつ家にかえりますか.
− Vers huit heures.　　　　−8時ころです.
Où habitez-vous ?　　　　どこに住んでおられますか.
− J'habite à Tsukuba.　　　　−つくばに住んでいます.
Comment allez-vous ?　　　　お元気ですか.
− Je vais très bien, merci.　　　　−とても元気です. ありがとう.
Pourquoi tu ne manges pas ?　　　　なんで食べないの？
− Parce que j'ai mal à l'estomac.　　　　−胃が痛いから.
Combien de frères avez-vous ?　　　　兄弟はなん人いますか.
− J'ai une sœur, mais je n'ai pas de frère.　　　　−姉（または妹）がひとりいますが，兄弟はいません.

31. 否定表現 *(expressions negatives)* 053

ne...personne	だれも...ない	ne...rien	なにも...ない
ne...jamais	いちども...ない	ne...plus	もはや...ない
ne...guère	ほとんど...ない	ne...que~	~しか...ない [限定]

Il n'y a personne dans cette salle.　　　　この部屋にはだれもいない.
J'ai faim, mais je n'ai rien à manger.　　　　おなかがすいたけれど，食べるものがなにもない.
Elle ne mange jamais de viande.　　　　彼女はけっして肉を食べない.
Tu n'es plus un enfant.　　　　きみはもう子どもではない.
Ce n'est guère intéressant.　　　　それはほとんど興味をひかない.
Je n'ai que cinquante euros.　　　　わたしは50ユーロしかもっていない.

32. 第3群不規則動詞 (1) *(verbes irréguliers du troisième groupe (1))* 054

不規則といっても，多くの形は共通している. とくに以下で学ぶものは実質的には規則的.

♣第3群不規則動詞の基本的活用

je	⊖ s	nous	⊕ ons
tu	⊖ s	vous	⊕ ez
il	⊖ t	ils	⊕ ent

単数では不定法語幹末尾の子音を消す（⊖の部分）
複数では不定法語幹末尾の子音を保つ（⊕の部分）

1. **-tir, -mir, -vir :** partir, sentir, sortir, dormir, servir...

♣ **sentir** 感じる

je	sens	nous	sentons
tu	sens	vous	sentez
il	sent	ils	sentent

♣ **partir** 出発する

je	pars	nous	partons
tu	pars	vous	partez
il	part	ils	partent

2. **-cevoir :** recevoir, apercevoir, concevoir...

♣ **recevoir** 受ける

je	reçois	nous	recevons
tu	reçois	vous	recevez
il	reçoit	ils	reçoivent

3. **-andre, -endre, -ondre, -rdre :** répandre, rendre, répondre, perdre...

♣ **entendre** 聞く

j'	entends	nous	entendons
tu	entends	vous	entendez
il	entend	ils	entendent

♣ **répondre** 答える

je	réponds	nous	répondons
tu	réponds	vous	répondez
il	répond	ils	répondent

4. **-aindre, -eindre, -oindre :** craindre, atteindre, joindre...

♣ **craindre** おそれる

je	crains	nous	craignons
tu	crains	vous	craignez
il	craint	ils	craignent

▶ 複数で -gn- [ɲ] が出ることに注意.

5. **-uire :** conduire, construire, cuire, introduire, produire...

♣ **conduire** 運転する

je	conduis	nous	conduisons
tu	conduis	vous	conduisez
il	conduit	ils	conduisent

▶ 複数で -s- [z] が出ることに注意.

Ces fleurs **sentent** très bon. [sentir]　　　　これらの花はとてもいい香りがする.
Nous **partons** pour la France cet été. [partir]　わたしたちはこの夏フランスに出かける.
Vous **sortez** souvent ensemble ? [sortir]　　あなたがたはよくいっしょに外出しますか.
Je **reçois** une trentaine de courriels par jour. [recevoir]　毎日30通ほどのメールを受けとる.
Allô ! Allô ! Je n'**entends** rien. [entendre]　もしもし！もしもし！なにも聞こえない.
Elle ne **répond** jamais à mes questions. [répondre]　彼女は決して私の質問に答えない.

EXERCICES

1. [例] にならって，下線部がこたえになるような疑問文を，倒置型，est-ce que (qui) 型のふたとおりで作ってください． ⟨055⟩

[例] Je cherche <u>monsieur Boileau</u>.

→ Qui cherchez-vous ? / Qui est-ce que vous cherchez ?

1. Je cherche <u>mon stylo</u>.
.... / ....

2. J'invite <u>Claire</u> à dîner.
.... / ....

3. C'est <u>un moineau</u>. (est-ce que 型のみ)
....

4. <u>Jean</u> crie fort dans la cour.
.... / ....

5. J'ai besoin <u>d'un ordinateur</u>.
.... / ....

6. <u>Le cinéma</u> intéresse Keiko. (est-ce que 型のみ)
....

7. Il travaille <u>chez Renault</u>.
.... / ....

8. Je rentre <u>vers dix-neuf heures</u>.
.... / ....

9. Je rentre <u>en autobus</u>.
.... / ....

10. Ce livre coûte <u>150 euros</u>.
.... / ....

2. かっこのなかの動詞を直説法現在に活用させてください． ⟨056⟩

1. Elle (dormir) .... pendant toute la conférence.

2. Cet outil (servir) .... à éplucher les légumes.

3. Ils (sortir) .... ensemble tous les dimanches.

4. Vous (peindre) .... le plafond vous-même ?

5. Tu (conduire) .... trop vite ! C'est dangereux !

Leçon **6**

33. 第3群不規則動詞 (2) *(verbes irréguliers du troisième groupe (2))* 057

6. **venir, tenir** （convenir, soutenir などの合成語もおなじ活用）

♣ **venir** 来る

je viens	nous venons
tu viens	vous venez
il vient	ils viennent

♣ **tenir** 保つ

je tiens	nous tenons
tu tiens	vous tenez
il tient	ils tiennent

7. **pouvoir, vouloir** （-ou- / -eu- の切りかえに注意）

♣ **pouvoir** できる

je peux	nous pouvons
tu peux	vous pouvez
il peut	ils peuvent

♣ **vouloir** 欲する

je veux	nous voulons
tu veux	vous voulez
il veut	ils veulent

8. **savoir, devoir, aller**

♣ **savoir** 知る

je sais	nous savons
tu sais	vous savez
il sait	ils savent

♣ **devoir** しなければならない

je dois	nous devons
tu dois	vous devez
il doit	ils doivent

♣ **aller** 行く

je vais	nous allons
tu vas	vous allez
il va	ils vont

Tu **viens** de Paris ?	きみはパリ出身？
－ Non, je **viens** d'Orléans. [venir]	－ いや，オルレアン出身なの.
Il **tient** sa petite sœur par la main. [tenir]	彼は妹の手を引いている.
Tu **sais** que Jacques est le mari de Claire ? [savoir]	ジャックがクレールの夫だって知ってる？
Nous **allons** au parc avec nos enfants. [aller]	わたしたちはこどもたちといっしょに公園にいきます.

34. 近接未来 *(futur proche)* 058

> aller の直説法現在＋動詞の不定法

Vite, le train **va partir**.	急いで，電車が出ますよ.
Elle **va revenir** bientôt.	彼女はもうすぐ戻ってきます.
cf. Je vais chercher Zazie à la Gare de Lyon.	リヨン駅にザジを迎えにいきます.

35. 近接過去 *(passé récent)* 059

> venir の直説法現在＋ de ＋動詞の不定法

Marie **vient de rentrer**.	マリーは帰ってきたところだ.
Je **viens d'envoyer** une lettre.	わたしは手紙を出したところです.
cf. Je viens envoyer une lettre.	わたしは手紙を出しにきました.

36. 準助動詞 (semi-auxiliaires) 060

フランス語文法でいう助動詞は, 複合時制や受動態をつくる avoir と être しかない (§.42〜43, 45) が, それ以外にも動詞の不定法をしたがえて助動詞的に用いられる動詞 (準助動詞) がある. §.34〜35 で既出の aller, venir のほか, つぎのようなものがある.

pouvoir + 不定法	〜できる (状況がゆるす) / 〜してもよい / 〜かもしれない
savoir + 不定法	〜できる (能力がある)
vouloir + 不定法	〜したい
devoir + 不定法	〜しなければならない / 〜にちがいない

Je ne **peux** pas sortir ce soir. J'ai du travail.	今夜は出かけられない. 仕事があるから.
Est-ce que je **peux** fumer ici ?	ここでたばこをすってもいいですか.
Pierre n'est pas là. Il **peut** être malade.	ピエールはいない. 病気なのかもしれない.
Il ne **sait** pas nager.	彼は泳げない.
Les enfants **veulent** aller au cirque.	こどもたちはサーカスに行きたがっている.
Veux-tu venir avec moi ?	いっしょに来たい？ / いっしょに来てくれる？
Je **dois** partir demain matin.	明日の朝に出発しなければならない.
On frappe à la porte. Ça **doit** être le facteur.	ドアにノックしている. 郵便配達にちがいない.

[Remarque]

代名詞 on は文法上は3人称単数であるが, つぎのような用法がある.

1. 不特定の「ひと」, 「ひとびと」をあらわす. 日本語では主語省略が自然.

   En Tunisie, **on** parle français et arabe.　　チュニジアではフランス語とアラビア語を話す.

2. 口語では nous の代用.

   On va dîner ensemble ?　　いっしょに夕食たべにいく？

---

37. 比較級 (comparatif) 061

優等比較級　**plus**			〜よりいっそう…
同等比較級　**aussi**	+ 形容詞・副詞 + **que** + 比較対象		〜とおなじくらい…
劣等比較級　**moins**	… 〜		〜ほどは…でない

Pierre est **plus âgé que** sa femme de deux ans.	ピエールは妻より2歳年上だ.
Marie est **aussi intelligente que** Frédérique.	マリーはフレデリックとおなじくらい頭がいい.
Je suis **moins paresseux qu'**Antoine.	わたしはアントワーヌほど怠け者ではない.

比較対象に形容詞や副詞がはいると, 「比較」というより「選択」の意味にちかくなる.

Jean est **plus bête que** méchant.	ジャンは意地悪というより馬鹿だ.
Marie est **aussi intelligente que** gentille.	マリーはやさしくて頭もいい.
Il est **moins triste qu'**indigné.	彼は悲しいというよりいらだっている.

♣ 数量の比較 (語彙的には beaucoup の比較級とみなされる)

優等比較級　**plus** 同等比較級　**autant**　（＋ de ＋無冠詞名詞）＋ **que** ＋比較対象 劣等比較級　**moins**　　　　　　…　　　　　　　　　　　～	～より多く… ～とおなじだけ… ～より少なく…

Nathalie a **plus d'amis que** Catherine.　　　　　ナタリーはカトリーヌより友だちが多い.
Nathalie a **autant d'amis que** Catherine.　　　　ナタリーはカトリーヌとおなじくらい友だちがいる.
Nathalie a **mois d'amis que** Catherine.　　　　　ナタリーはカトリーヌより友だちが少ない.

この構文で de ＋名詞をはぶくと, 動詞にかかる数量の比較になる.

Nathalie gagne **plus que** Catherine.　　　　　　ナタリーはカトリーヌより多く稼ぐ.
Nathalie gagne **autant que** Catherine.　　　　　ナタリーはカトリーヌとおなじくらい稼ぐ.
Nathalie gagne **moins que** Catherine.　　　　　　ナタリーはカトリーヌほどは稼がない.

bon の優等比較級は **meilleur(e)(s)**, bien の優等比較級は **mieux**.

Marie est **meilleure** étudiante qu'Antoine.　　　マリーはアントワーヌよりすぐれた学生だ.
Marie travaille **mieux** qu'Antoine.　　　　　　　マリーはアントワーヌよりよく働く / 勉強する.

38.　最上級 *(superlatif)* 〔062〕

定冠詞 ＋ 優等・劣等比較級 ＋ 形容詞・副詞

比較の範囲を示すには de, parmi, dans などの前置詞がつかわれる.

François est **le plus** âgé **de** la famille.　　　　フランソワは家族でいちばん年上だ.
Marie est **la meilleure** étudiante **parmi** nos amis.　マリーはわたしたちの友だちのなかでいちばん
　　　　　　　　　　　　　　　　　　　　　　　　　すぐれた学生だ.

後置付加語形容詞のときは, 名詞のまえにも plus のまえにも定冠詞がつく.

Le Mont Blanc est la montagne **la plus** haute d'Europe.　モンブランはヨーロッパでいちばん高い山だ.

「**un / une des plus** ＋ 形容詞複数形」で「もっとも～のひとつ / ひとり」(des は縮約形).

Lisbonne est **une des plus belles** villes du monde.　リスボンは世界でもっとも美しい都市のひとつだ.

副詞のときは定冠詞は le だけで無変化.「動詞＋副詞最上級」は C'est ... qui / que の強調構文
(§62) と併用することが原則.

C'est Françoise qui marche **le moins** vite **de** nous trois.　わたしたち3人のなかでいちばん歩くのがおそ
　　　　　　　　　　　　　　　　　　　　　　　　　いのはフランソワーズだ.

le plus / le moins ＋ **de** ＋ 名詞

（数量の最上級）

Tu as **le plus** d'informations.　　　　　　　　　きみがいちばん多くの情報をもっている.

EXERCICES

1. かっこのなかの動詞を直説法現在に活用させてください. ⬚063

1. Je (venir) .... de prendre mon petit déjeuner.

2. Qu'est-ce que tu (aller) .... faire pendant les vacances ?

3. Vous (vouloir) .... prendre un apéritif ?

　―Oui, je (vouloir) .... bien. Un kir, s'il vous plaît.

　―Moi, je (prendre)*..................................... un pastis.　　prendre の活用（p.30参照）

4. Tu (pouvoir) .... venir avec moi cet après-midi ?

5. Ils ne (pouvoir) .... pas comprendre cela.

6. D'où (venir) .... -vous ?

　―Je (venir) .... de Tsukuba.

7. Il (vouloir) .... maigrir, mais il ne (pouvoir) .... pas.

8. Nous (devoir) .... arriver à Marseille avant midi.

2. かっこのなかの語を 1 ～ 4 では比較級, 5 ～ 8 では優等最上級にして, 正しい文をつくってください. 形容詞は必要に応じて性・数をかえてください. ⬚064

1. Le Mont Blanc est (haut) que le Mont Fuji.

　...

2. La Terre est (grand) que le Soleil.

　...

3. L'avion va (vite) que le train.

　...

4. Paris a (beaucoup) d'habitants que Marseille.

　...

5. La Chine est le pays (peuplé) du monde.

　...

6. Catherine est la (bon) élève de la classe.

　...

7. Elle veut aller en France (tôt) possible.

　...

8. Marie chante (bien) de nous quatre.

　...

Leçon 7

39. 第3群不規則動詞 (3) *(verbes irréguliers du troisième groupe (3))* 065

9. dire 言う

je dis	nous disons
tu dis	vous dites
il dit	ils disent

10. écrire 書く

j' écris	nous écrivons
tu écris	vous écrivez
il écrit	ils écrivent

11. mettre 置く

je mets	nous mettons
tu mets	vous mettez
il met	ils mettent

12. faire する, 作る

je fais	nous faisons [fəzɔ̃]
tu fais	vous faites
il fait	ils font

13. lire 読む

je lis	nous lisons
tu lis	vous lisez
il lit	ils lisent

14. prendre 取る

je prends	nous prenons
tu prends	vous prenez
il prend	ils prennent

15. voir 見る

je vois	nous voyons
tu vois	vous voyez
il voit	ils voient

16. connaître 知る (paraître も同じ活用)

je connais	nous connaissons
tu connais	vous connaissez
il connaît	ils connaissent

17. ouvrir 開ける (活用語尾は第1群同様；couvrir, recouvrir, offrir も同じ活用)

j' ouvre	nous ouvrons
tu ouvres	vous ouvrez
il ouvre	ils ouvrent

De cette fenêtre, je **vois** bien la mer. [voir] 　この窓から, 海がよく見える.
Vous **connaissez** la France ? [connaître] 　フランスをご存知ですか [=行ったことがありますか].
－Oui, je vais souvent en France. 　－ええ, フランスにはよく行きます.
Le soleil **paraît** à l'horizon. [paraître] 　太陽が地平線にあらわれる.
Qu'est-ce que vous **faites** dans la vie ? [faire] 　お仕事はなにをなさっているのですか.
－Je suis médecin. 　－医師です.
Je **prends** mes vacances en juillet. [prendre] 　わたしは7月に休暇をとります.
Ils **disent** toujours des bêtises. [dire] 　彼らはいつもばかなことを言う.
Vous **mettez** du sucre dans votre café ? [mettre] 　コーヒーに砂糖を入れますか.
Cette bibliothèque **ouvre** cinq fois par semaine. 　この図書館は週に5回開館する.
[ouvrir]

40. 強勢形人称代名詞 *(pronoms personnels toniques)* 066

主語人称代名詞 je, tu, il などは，つねに動詞の活用形と隣接し，密接にむすびついて用いられる (接語代名詞 pronom clitique). それに対し，名詞並みに自立的に用いることができるのが強勢形代名詞 pronom tonique である.

（主語）	je	tu	il	elle	nous	vous	ils	elles
強勢形	**moi**	**toi**	**lui**	**elle**	**nous**	**vous**	**eux**	**elles**

Moi, j'aime voyager en train. Et **toi** ?　　わたしは電車で旅行するのが好きだけど，きみは？
－**Moi** aussi / **Moi** non. [強調]　　－わたしもそう / わたしはちがう.
Moi , je n'aime pas voyager en avion. Et **toi** ?　　わたしは飛行機で旅行するのが好きじゃないけど，きみは？

－ **Moi** non plus / **Moi** si.　　－わたしも好きじゃない / わたしは好き.
Je veux rester avec **toi**. Je n'aime que **toi**. [前置詞・接続詞のあと]　　きみといっしょにいたい. きみだけが好きだ.

Allô ! Qui est à l'appareil ?　　もしもし，どなたですか.
－C'est **moi**, Nathalie. [属詞]　　－わたしです，ナタリーです.
Allô ! Est-ce que je suis bien chez Monsieur Martin ?　　もしもし，マルタンさんのお宅ですか.
－Oui, c'est **lui**-même.　　－はい，本人です.

41. 過去分詞 *(participe passé)* 067

1. aller もふくむ，-er 型動詞の過去分詞はすべて **-é**.
    manger > **mangé**,　　chanter > **chanté**,　　aimer > **aimé**, ...　　aller > **allé**
2. すべての第2群規則動詞と，partir など一部の不規則動詞の過去分詞は **-i**.
    finir > **fini**,　　choisir > **choisi**,　　partir > **parti**,　　sortir > **sorti**
3. 他の過去分詞は個々におぼえる. 語尾は **-u, -é, -s, -t** のいずれか.

attendre > **attendu**,	venir > **venu**,	voir > **vu**,	lire > **lu**,	pouvoir > **pu** ;
avoir > **eu** [y]	naître > **né**,	être > **été** ;	prendre > **pris**,	mettre > **mis** ;
faire > **fait**,	dire > **dit**,	mourir > **mort**,	ouvrir > **ouvert**	

42. 直説法複合過去 *(passé composé de l'indicatif)* 068

助動詞 avoir の現在 ＋ 過去分詞

♣ **manger** （複合過去）

j' ai mangé	nous avons mangé
tu as mangé	vous avez mangé
il a mangé	ils ont mangé

[練習]
finir, faire を
複合過去で活用.

倒置疑問形 avez-vous mangé ?
否定形 je n'ai pas (rien, plus, jamais, *etc.*) vu (personne) [personne だけは長いので後回し]
副詞は助動詞と過去分詞のあいだにはいる.

Avez-vous **déjà** déjeuné ?　　もう昼食をたべましたか.
－Non, je n'ai pas **encore** déjeuné.　　－いいえ，まだ昼食をたべていません.

43. 複合過去形の助動詞 *(verbe auxiliaire pour former le passé composé)* [069]

つぎのような一部の自動詞では，複合過去の助動詞として être をつかう．

aller	行く	venir	来る	partir	出発する	arriver	着く
entrer	入る	sortir	出る	rester	とどまる	tomber	おちる
monter	のぼる	descendre	おりる	rentrer	帰る	revenir	もどる
naître	生まれる	mourir	死ぬ	passer	通る	devenir	なる

このとき過去分詞は主語に性数一致する．

♣ **aller**（複合過去）

je	suis allé(e)	nous	sommes	allé(e)s
tu	es allé(e)	vous	êtes	allé(e)(s)
il	est allé	ils	sont	allés
elle	est allée	elles	sont	allées

> [練習]
> venir を複合
> 過去で活用．

▶ entrer, sortir, monter, descendre, passer, rentrer は自動詞用法のとき助動詞に être をとり，他動詞用法のとき avoir をとる．

Il **est sorti** pour acheter des cigarettes. 　　彼はたばこを買いに出た．
Il **a sorti** un mouchoir de sa poche. 　　彼はポケットからハンカチを出した．

44. 命令法 *(impératif)* [070]

動詞の命令法は，原則として，直説法現在の tu, nous, vous の活用形とおなじ．

▶ ただし，aller をふくむ -er 型動詞，および ouvrir 型活用の動詞の tu の形からは語末の -s をとりのぞく．

tu manges > **mange**	nous mangeons > **mangeons**	vous mangez > **mangez**

Mange ta soupe ! 　　スープを食べなさい！
Parlez plus fort. 　　もっと大きな声で話してください．
Allons au café. 　　カフェにいきましょう．

否定命令は ne と pas で命令法をはさむ．

Ne quittez **pas**. 　　（電話で）そのままお待ちください．

▶ 不規則はつぎの4動詞．

avoir > **aie, ayons, ayez**	savoir > **sache, sachons, sachez**
être > **sois, soyons, soyez**	vouloir > **veuille, veuillons, veuillez**

EXERCICES

1. かっこのなかの動詞を直説法現在に活用させてください. 071

1. Quand est-ce que vous (prendre) .... vos vacances ?

2. Je (connaître) .... Mme Vandeloise depuis longtemps.

3. D'habitude, nous (faire) .... des courses au supermarché.

4. Cinq et trois (faire) .... huit.

5. Comment (dire) .... -on « himawari » en français ?

6. Je ne (mettre) .... jamais de sucre dans mon café.

7. Qu'est-ce que vous (lire) .... maintenant ?

2. [例] にならって書きかえてください. 072

[例] C'est mon stylo. → Ce stylo est à moi.

1. C'est votre serviette. → ....

2. Ce sont leurs cahiers. → ....

3. C'est son (彼の) appartement. → ....

4. C'est ton appareil-photo. → ....

5. C'est notre maison. → ....

3. つぎの各文の動詞を複合過去に活用させてください. ( ) 内に動詞以外も書かれているときは, 語順に注意してください. 073

1. Hier soir, nous (regarder) .... la télévision après le dîner.

2. Dimanche dernier j' (accompagner) .... mes enfants au Bois de Boulogne.

3. Ce matin elle (travailler beaucoup) .... , elle (finir) .... ses devoirs.

4. Je (ne pas pouvoir) .... trouver la solution.

5. Je (ne rien comprendre) .... au cours de philo aujourd'hui !

6. Yuri (aller) .... en France l'année dernière.

7. Il (ne pas revenir) .... de la guerre.

8. Elle (venir) .... au Japon il y a trois mois.

Leçon **8**

45. 受動態 *(voix passive)* [101]

> 助動詞 être ＋ 他動詞の過去分詞 （＋par / de ＋ 動作主）

過去分詞は主語に性数を一致させる.

Marie **est grondée** par sa mère.　　　　　　　　マリーは母親にしかられる.

時制は助動詞 être の時制であらわされる.

Marie **a été grondée** par sa mère.　　　　　　　マリーは母親にしかられた.

できごとをあらわすときは par，状態をあらわすときは de で動作主の名詞をみちびく.

Émilie est aimée **de** tout le monde.　　　　　　エミリーはみんなに好かれている.

▶ 受動態は英語ほど頻繁には用いられない. たとえば, Les lampes sont allumées. (ランプがともされる) も文法的には正しい文ではあるが, On allume les lampes. (ランプをともす) のほうが好まれる. (p.27 **Remarque** 参照).

46. 目的補語人称代名詞 *(pronoms personnels compléments d'objet)* [102]

1) Il a offert **une bague à sa fiancée**.　　　　　彼は許婚者に指輪を贈った

　　→ **une bague** は直接目的補語 *(complément d'objet direct)*
　　→ **à sa fiancée** は間接目的補語 *(complément d'objet indirect)*

2) 目的補語はつぎの代名詞で受けられる.

（主語）	je	tu	il	elle	nous	vous	ils, elles
直接目的補語	**me**(m')	**te**(t')	**le** (l')	**la** (l')	**nous**	**vous**	**les**
間接目的補語			**lui**				**leur**

いずれも「接語代名詞」（§40）であり，動詞と密接にむすびついて用いられる.

肯定命令文以外では，　　　　主語 ＋ (ne) ＋ 目的補語代名詞 ＋ 動詞 ＋ (pas)

Je connais M. Paillard.　　　　　　　　　　わたしはパイヤール氏を知っている
→ Je **le** connais.　　　　　　　　　　　　→ わたしは彼を知っている.
Charlotte Gainsbourg ressemble à sa mère.　シャルロット・ゲンズブールは母親に似ている.
→ Charlotte Gainsbourg **lui** ressemble.　→シャルロット・ゲンズブールは彼女に似ている.
Cela ne **m'**intéresse pas du tout.　　　　それはわたしにはまったくおもしろくない.
Je **leur** ai offert un vélo.　　　　　　　　わたしは彼らに自転車を贈った.
Ne **me** quitte pas.　　　　　　　　　　　わたしと別れないで.

3) 動詞が複合過去のとき，目的補語代名詞は助動詞の前におく. このときも含めて一般に，直接目的補語のあとに過去分詞がくるとき，**過去分詞は直接目的補語に性数を一致させる**.

J'ai envoyé ces lettres.　　　　　　　　　　わたしはそれらの手紙を送った.
→ Je les ai **envoyées**.　　　　　　　　　　→わたしはそれらを送った.

4) 肯定命令文では「**動詞-目的補語代名詞**」の順にトレ・デュニオン (-) で接合される.

    Donnez-le à votre frère.   それをあなたのお兄さんに渡してください.

  ただしそのとき，me, te は **moi, toi** に強まる.

    Montrez-**moi** ces photos.   わたしにそれらの写真を見せてください.

5) 直接・間接目的補語の両方を代名詞にするとき，肯定命令文以外では，つぎの順になる. 前後ふたつのわく内どうしのつながりしかない.　（「à＋強勢形」についてはP.48を参照）

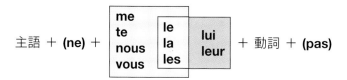

主語 ＋ (ne) ＋ | me / te / nous / vous | le / la / les | lui / leur | ＋ 動詞 ＋ (pas)

    Je donne ce bouquet à Marie.   わたしはこの花束をマリーにあげます.

    → Je **le** donne à Marie.   わたしはそれをマリーにあげます.

    → Je **lui** donne ce bouquet.   わたしは彼女にこの花束をあげます.

    → Je **le lui** donne.   わたしはそれを彼女にあげます.

    Je vous montre ces photos.   わたしはあなたにこれらの写真をみせます.

    → Je **vous les** montre.   わたしはあなたにそれらをみせます.

    N'envoie pas cette lettre à mes amis.   この手紙をわたしの友だちに送らないで.

    → Ne **la leur** envoie pas.   それを彼らに送らないで.

6) 肯定命令文では「**動詞-直接補語-間接補語**」の順にトレ・デュニオンで接合される.

    Donnez-le à votre frère.   それをあなたのお兄さんに渡してください.

    → Donnez-**le-lui**.   それを彼に渡してください.

    Montrez-moi ces photos.   わたしにそれらの写真を見せてください.

    → Montrez-**les-moi**.   わたしにそれらを見せてください.

47. 所有代名詞 *(pronoms possessifs)* 103

「所有形容詞 (§.22) ＋名詞」のかわりに，名詞が既知のときに用いられる形.

  ton livre → le tien, sa maison → la sienne, vos parents → les vôtres

所有者 ＼ 被所有物	男性単数	女性単数	男性複数	女性複数
1人称単数	**le mien**	**la mienne**	**les miens**	**les miennes**
2人称単数	**le tien**	**la tienne**	**les tiens**	**les tiennes**
3人称単数	**le sien**	**la sienne**	**les siens**	**les siennes**
1人称複数	**le nôtre**	**la nôtre**	**les nôtres**	
2人称複数	**le vôtre**	**la vôtre**	**les vôtres**	
3人称複数	**le leur**	**la leur**	**les leurs**	

  C'est votre dictionnaire ?   あなたの辞書ですか.

    －Non, ce n'est pas **le mien.**   －いいえ，わたしのものではありません.

  Ma voiture ne roule pas aussi vite que **la sienne.**   わたしの車は彼の車ほど速くは走らない.

48. 使役動詞 *(verbes causatifs)* [104]

> 使役動詞 ＋ 不定法 ＋ 直接目的補語　または　使役動詞＋不定法＋直接目的補語 ＋ par / à

1) **faire** 〜させる

直接目的補語は代名詞化しないときはかならず不定法の後.

不定法が自動詞, または他動詞であっても直接目的補語が略されているときは, 被使動者が直接目的補語になる.

　　J'ai fait venir ma sœur.　　　　　　　　　　わたしは妹を来させた.

不定法が他動詞のとき, 直接目的補語は不定法の直接目的補語なので, 被使役者は直接目的補語になることができず, par または à にみちびかれる.

　　Elle a fait traduire ces textes par (à) ses étudiants.　彼女は学生たちにこれらの文章を翻訳させた.

被使役者をあらわす直接目的補語を代名詞にするには, faire のまえにおく. この場合は過去分詞の fait が性数の一致をしない.

　　J'ai fait venir ma sœur. → Je l'ai fait venir.　　わたしは彼女に来させた.

不定法の直接目的補語があるとき, 被使役者は間接目的補語として代名詞化できる.

　　Elle a fait traduire ces textes par (à) ses étudiants.　彼女は学生たちにこれらの文章を翻訳させた.
　　→ Elle les a fait traduire par (à) ses étudiants.　→彼女は学生たちにそれらを翻訳させた.
　　→ Elle leur a fait traduire ces textes.　　　　→彼女は彼らにこれらの文章を翻訳させた.
　　→ Elle les leur a fait traduire.　　　　　　　→彼女は彼らにそれらを翻訳させた

2) **laisser** 〜するにまかせる (放任)

直接目的補語と不定法は前後を入れかえてもよい.
直接目的補語を代名詞化するときは, laisser のまえにおく.

　　J'ai laissé mes enfants jouer dans le jardin.　　わたしはこどもたちを庭で遊ばせておいた.
　　＝ J'ai laissé jouer mes enfants dans le jardin.
　　→ Je les ai **laissés** jouer dans le jardin.　[les が laisser の直接目的補語なので性数一致]

　　J'ai laissé mes enfants regarder la télévision.　わたしはこどもたちにテレビを見させておいた.
　　＝ J'ai laissé regarder la télévision à mes enfants.
　　→ Je la leur ai laissé regarder.　　[la が laisser の直接目的補語でないので性数一致しない]

[Remarque]　入れ子型語順と並列型語順

被使役者と, faireに後続する不定法の直接目的補語をともに (代名詞を用いずに) 明示する場合にゆるされている語順と各要素の関係を図説すると, つぎのようになる. これを「入れ子型語順」とよぶ.

　　Elle a fait traduire ces textes à (par) ses étudiants.
　　S　　V　　V'　　COD'　　　　COD=S'

一方, laisser の場合は, 入れ子型語順とならんで, つぎのように文の前方・後方でそれぞれに関係が成り立つ語順も可能である. これを「並列型語順」とよぶ.

　　J'ai lassé mes enfants regarder la télévision.
　　S　V　　COD=S'　　V'　　COD'

> faire は入れ子型語順のみ, laisser は並列型語順もあり, とおぼえよう.

EXERCICES

1. [例] にならって，それぞれの質問に，適切な人称代名詞を用いて，oui, non のふたとおりで答え てください (なお，ふたつの目的補語人称代名詞をつかうことができる場合は，かならず両方を代 名詞でうけてください). [105]

[例] Tu connais Marie ?
　　— Oui, je la connais. / Non, je ne la connais pas.

1. Tu regardes la télé ce soir ?
.... / ....

2. Tu as mangé ces gâteaux ?
.... / ....

3. Tu as vu ce film ?
.... / ....

4. Ressemble-t-il à son frère ?
.... / ....

5. Tu écris souvent à tes parents ?
.... / ....

6. Ton cadeau a plu à ton petit ami ? [plu は plaire の過去分詞]
.... / ....

7. Tu as téléphoné à Cécile ?
.... / ....

8. Avez-vous prêté ces livres à Cécile ?
.... / ....

9. Il vous a donné sa carte de visite ?
.... / ....

10. Tu m'as apporté mes livres ?
.... / ....

11. Tu as fait venir tes frères ?
.... / ....

12. Avez-vous laissé faire vos filles ?
.... / ....

2. つぎの能動文を受動文に書きあらためてください. [106]

1. Mon père a construit cette maison. (construit < construire)
....

2. Tous les spectateurs admirent cette danseuse de ballet.
....

3. Il a offert cette bague à sa fiancée. (offert < offrir)
....

4. Christophe Colomb a découvert l'Amérique. (découvert < découvrir)
....

5. On vous sert le déjeuner à midi.
....

Leçon **9**

49. 知覚動詞 *(verbes de perception)* ⌑107

知覚動詞 + 直接目的補語 + 不定法
〜　　　　　　…

（「〜が…するのを見る，聞く，感じる」など）

voir, regarder, entendre, écouter, sentir, *etc.*

Nous **voyons** des enfants s'amuser dans le jardin.　　子どもたちが庭で遊んでいるのが見える.

直接目的補語と不定法は前後を入れかえてもよい.

On **a entendu** un chien aboyer.　　犬がほえるのが聞こえた.

= On **a entendu** aboyer un chien.

直接目的補語を代名詞にするときは，知覚動詞のまえにおく. 過去分詞は直接目的補語に性数一致する.

J'**ai écouté** Claire chanter un air de Fauré.　　クレールがフォーレの歌をうたうのを聴いた.

→ Je l'**ai écoutée** chanter un air de Fauré.

50. 関係代名詞 *(pronoms relatifs)* ⌑108

　2文の内容を1文につなぎ，代名詞と接続詞のはたらきをかねそなえる語を関係代名詞という. 関係代名詞ではじまる節を関係節 proposition relative，関係節のまえにあって，関係節が修飾する名詞を先行詞 antécédent という.

1）関係節中の主語（先行詞は人・物）： **qui**

Connaissez-vous la dame **qui** parle avec mon père ?　　わたしの父と話しているご婦人をご存知ですか.

＜ Connaissez-vous cette dame ? / Elle (Cette dame) parle avec mon père.

La France est un pays **qui** attire beaucoup de touristes.　フランスは多くの旅行者をひきつける国だ.

＜ La France est un pays. / Il (Ce pays) attire beaucoup de touristes.

2）関係節中の直接目的補語・属詞（先行詞は人・物）： **que**

Le chat **que** tu cherches est à côté de la porte. [直接目的補語]　きみがさがしている猫はドアのわきにいるよ.

＜ Le chat est à côté de la porte. / Tu le cherches (Tu cherches ce chat).

▶ 目的補語代名詞 (§.46) の場合と同様，関係代名詞を用いた結果，複合時制の動詞よりまえに直接目的補語がくるときは，**過去分詞を直接目的補語に性数一致させる**.

Voilà l'**église** qu'il a **visitée** en juin.　　あそこに彼が6月におとずれた教会があります.

＜ Voilà l'église. / Il a visité cette église en juin. (Il l'a **visitée** en juin)

J'aime cette belle région **qu'**est la Provence. [属詞]　わたしはプロヴァンスというこの美しい地方が好きです.

＜ J'aime cette (belle) région. / La Provence est une belle région.

　que ではじまる関係節内の主語が代名詞でなく名詞のときは，よく倒置が起きる.

3) 関係節中の場所・時をあらわす状況補語： où

La maison **où** il habite est près d'ici.　[場所]　　　　彼が住んでいる家はここから近い.

＜ La maison est près d'ici. / Il habite dans cette maison.

Le 1ᵉʳ mai, c'est le jour **où** je l'ai connue.　[時]　　5月1日は，わたしが彼女と知り合った日だ.

＜ Le 1ᵉʳ mai, c'est le jour. / Je l'ai connue ce jour-là.

4) 関係節中で de ＋ 先行詞 (先行詞は人・物) の役割をはたすもの： **dont**

J'ai un ami **dont** le père est avocat.　　　　　　　わたしは父親が弁護士をしている友だちがいる.

＜ J'ai un ami. / Le père de cet ami est avocat.

Je vous montre le livre **dont** je vous ai parlé l'autre jour.　先日話題にした本をお目にかけましょう.

＜ Je vous montre le livre. / Je vous ai parlé de ce livre l'autre jour.

5) 関係節中でその他の前置詞句の役割をはたすもの

a) 先行詞が人のとき： 前置詞 ＋ qui

Je connais l'homme **à qui** elle parle.　　　　　　彼女が話しかけている男の人をわたしは知っている.

＜ Je connais l'homme. / Elle lui parle.　(Elle parle à cet homme.)

b) 先行詞が明確な物のとき： 前置詞 ＋ lequel とその変化形 (lequel の性数変化・前置詞との縮約については§.29を参照)

Je cherche le crayon rouge **avec lequel** je corrige mes fautes.

　　　　　　　　　　　　　　　　　　わたしは間違いをなおす赤鉛筆をさがしている.

＜ Je cherche le crayon rouge. / Je corrige mes fautes avec ce crayon rouge.

Voici les lettres **auxquelles** vous devez répondre.　ここにあなたが返事を書くべき手紙があります.

＜ Voici les lettres. / Vous devez répondre à ces lettres.

▶ dont, duquel (とその変化形) はいずれも de＋名詞の役割をはたすが, duquel は de がさらにほかの前置詞と組みあわさっているときに用いられる.

Mon studio, **à côté duquel** coule la Seine, est un peu humide.

　　　　　　　　　　　　　　　私の部屋は, わきにセーヌ川がながれていて, 少し湿っぽい.

＜ Mon studio est un peu humide. / À côté de mon studio coule la Seine.

c) 先行詞が ce, rien など不定のもの, あるいは文全体のとき (ce については§.51参照. ce は略されることもある)： 前置詞 ＋ quoi

C'est (ce) **à quoi** nous pensons.　　　　　　　　それがわたしたちの考えているものです.

＜ Nous y pensons. (Nous pensons à cela.)

Travaillez bien, **sans quoi** vous ne pouvez pas réussir.　よく勉強しなさい. それなくしてはあなたがたは合格できません.

＜ Vous ne pouvez pas réussir sans bien travailler.

51. 指示代名詞 *(pronoms démonstratifs)* 109

1) 性数変化しないもの： **ce ceci cela ça**   ♣ 指示形容詞 (§.21) とは異なる.

ce は être の主語 (「それ」または「その人」) と，関係詞の形式的先行詞 (「～なもの，～なこと」)
になる．属詞が名詞のときは人もさせる.

C'est parfait.	それは完璧だ.
Ce sont mes enfants.	こちらはわたしの子どもたちです.
Ce qui n'est pas clair n'est pas français.	明晰でないものはフランス語ではない.
(Antoine de Rivarol)	(アントワーヌ・ド・リヴァロール)

ceci (近くのものをさす), cela (遠くのもの，または遠近を区別しないものをさす) は ce の強勢形
で，人をさすことはできない.

Ceci est à moi et **cela** est à toi.	これはわたしので，それがきみのだ.

ça は cela の口語形.

Un café, **ça** ne te dit rien ?	コーヒー，飲みたくない？

2) 性数変化するもの：

	単 数	複 数
男 性	**celui**	**ceux**
女 性	**celle**	**celles**

♣ 形式は「ce ＋ 強勢形 (§.40)」からなる.

つねに修飾語がついて，前出の名詞にかわる.

La cuisine que j'aime, c'est **celle** du restaurant Roussillon.

わたしが好きな料理はレストラン《ルスィヨン》の料理です.

-ci, -là をつけると遠近や前者・後者が区別できる.

Je préfère ces chaussures-ci à **celles-là**. わたしはあの靴よりもこの靴のほうが好きです.

Racine et Molière : **celui-ci** est comique, **celui-là** est tragique.

ラシーヌとモリエール．後者は喜劇で，前者は悲劇だ.

前出の名詞がない場合，「人」「人々」をあらわす.

Ceux qui réussissent ne sont pas toujours **ceux** qu'on croit.

成功するひとたちは，予想外のひとたちのこともある.

[Remarque] 所有形容詞，所有代名詞，指示代名詞の相互関係

所有形容詞 (§22)，所有代名詞 (§47)，指示代名詞 (§51) の相互関係を図説すると，つぎのようになる.

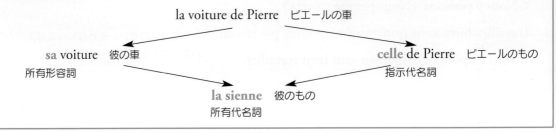

EXERCICES

1. [例] にならって，それぞれの組の文を適切な関係代名詞でつないでください． [110]

[例]　Hélène a un cousin. Il est médecin.
　　　⇒ Hélène a un cousin qui est médecin.

1. Ce train vient de Londres. Il passe sous la Manche.

　...

2. L'avion va à Lisbonne. Vous allez prendre cet avion.

　...

3. Le métro est toujours plein. Je le prends tous les matins et soirs.

　...

4. Cette jeune fille est ma sœur. Vous la voyez là-bas.

　...

5. J'ai un ami. Son père est avocat.

　...

6. Les informations sont dans cet ordinateur. Vous avez besoin de ces informations.

　...

7. Je ne peux pas oublier ce moment. Il y a eu un tremblement de terre à ce moment-là.

　...

8. Je connais cette jeune fille. Tu as voyagé en Europe avec elle.

　...

9. C'est la raison. Elle ne peut pas venir aujourd'hui pour cette raison.

　...

10. Voici la liste des administrations. Vous pouvez faire votre demande auprès de ces administrations.

　...

2. 各文の空所に指示代名詞の適切な形をおぎなってください． [111]

1. Ma voiture est plus vieille que .... de M. Martin.

2. Les bottes de Yuri sont aussi élégantes que .... d'Émilie.

3. Je préfère ce chapeau-ci à .... -là.

4. .... qui est curieux, ... 'est que Louis XIV a régné pendant 72 ans.

Leçon **10**

52. 代名動詞 *(verbe pronominal)* [112]

　主語とおなじ人や物をあらわす直接または間接目的補語人称代名詞 (再帰代名詞 *pronom réflexif*) を接辞としてともなう動詞．それゆえ，「自身を / 自身に〜する」という基本的意味をもつ．再帰代名詞は，直接・間接目的補語ともにつぎのとおり．

je	> **me (m')**	nous	> **nous**
tu	> **te (t')**	vous	> **vous**
il, elle	> **se (s')**	ils, elles	> **se (s')**

これらは通常の目的補語代名詞とおなじ位置にくる．

♣ **se coucher** (「自身を寝かせる」⇨ 寝る，就床する)

je	**me**	**couche**	nous	**nous**	**couchons**
tu	**te**	**couches**	vous	**vous**	**couchez**
il	**se**	**couche**	ils	**se**	**couchent**

[練習]
s'habiller を直説法
現在に活用．

否定　　　 : Je ne **me couche** pas avant minuit. 　　わたしは0時以前には就床しない．
倒置疑問 : **Vous couchez**-vous avant minuit ? 　　あなたは0時以前に就床しますか．
肯定命令 : **Couche-toi** dans ce lit. 　　このベッドで寝なさい．

　代名動詞はすべて，複合過去では助動詞として être をとる．過去分詞は，再帰代名詞が直接目的補語のとき主語に性数一致する．

♣ **se coucher** (複合過去)

je	**me**	**suis**	**couché(e)**	nous	**nous**	**sommes**	**couché(e)s**
tu	**t'**	**es**	**couché(e)**	vous	**vous**	**êtes**	**couché(e)(s)**
il	**s'**	**est**	**couché**	ils	**se**	**sont**	**couchés**
elle	**s'**	**est**	**couchée**	elles	**se**	**sont**	**couchées**

Hier, je **me suis couchée** à 23 h. 　　きのう，わたし (女性) は23時に就床した．

代名動詞の用法はつぎの4つにわけられる．

1) **再帰的用法** *(emploi réfléchi)*

Il se lève vers huit heures. 　　(se は直接目的補語) 　　かれは8時ころ起床する．
Je me lave les mains. 　　(se は間接目的補語) 　　わたしは手を洗う．

▶ この例のように，身体の1部分は定冠詞つきの直接目的補語，所有者は間接目的補語 (ここでは再帰代名詞) であらわす．

2) **相互的用法** *(emploi réciproque)* (主語は意味的に複数)

Ils s'aiment l'un l'autre. 　　(se は直接目的補語) 　　彼らは互いに愛しあっている．
Elles s'écrivent l'une à l'autre. 　　(se は間接目的補語) 　　彼女らは互いに手紙を書く．

3）**受動的用法** *(emploi passif)*（主語は物，se は直接目的補語）

同時に，可能性や習慣をあらわすこともある．

Ce livre se vend très bien.	この本はとてもよく売れる．
Cette racine se mange.	この根は食べられる．
Le vin rouge se boit chambré.	赤ワインは室温で飲むものだ．

4）**本来的用法** *(emploi essentiellement pronominal)*

再帰代名詞がいかなる目的補語とも考えられない場合，または動詞が代名動詞としてのみ用いられる用法．熟語的．se は直接目的補語とみなされる．

Il s'en est allé. (s'en aller)	彼は行ってしまった．
Tu te moques de moi ? (se moquer)	わたしのことをばかにしているのか．

53. 直説法半過去 *(imparfait de l'indicatif)* 〔113〕

現在形の nous の語幹につぎの語尾をつけてつくる．語尾には例外なし．

je	…**ais** [ɛ]	nous	…**ions** [jɔ̃]
tu	…**ais** [ɛ]	vous	…**iez** [je]
il	…**ait** [ɛ]	ils	…**aient** [ɛ]

♣ **aimer**（半過去）

j'	aimais	nous	aimions
tu	aimais	vous	aimiez
il	aimait	ils	aimaient

♣ **choisir**（半過去）

je	choisissais	nous	choisissions
tu	choisissais	vous	choisissiez
il	choisissait	ils	choisissaient

♣ **avoir**（半過去）

j'	avais	nous	avions
tu	avais	vous	aviez
il	avait	ils	avaient

♣ **faire**（半過去）

je	faisais	nous	faisions
tu	faisais	vous	faisiez
il	faisait	ils	faisaient

♣ **être**（半過去）

j'	étais	nous	étions
tu	étais	vous	étiez
il	était	ils	étaient

▶語幹不規則は全動詞中 être のみ (**ét-**)

1）複合過去がすでに完了したととらえられる事態（完了相）をあらわすのと対照的に，半過去は過去の状態，進行，習慣などをその途中でとらえていること（未完了相）をあらわす．

Quand je suis entré dans la cuisine, elle faisait la vaisselle.　私が台所に入ったとき，彼女は皿洗いをしていた．

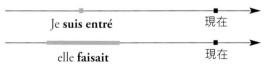

Nous allions au cinéma le dimanche.　　　わたしたちは日曜には映画に行ったものだ．

▶ 継続的な事態でも，始点・終点が明確になときは，完了とみなされ，半過去ではなく複合過去をもちいる．

Hier, il a plu toute la journée.　　　　　きのうは一日中雨がふっ（てい）た．

2) また，従属節において，「過去からみた現在」をあらわす．

Il m'a dit qu'il était malade.　　　　　　　　　　　　　　　　　彼は自分が病気だとわたしに言った．
(= Il m'a dit : « Je suis malade. »)

　最後の例で，かっこ内に示した直接話法では現在形だった動詞が，間接話法の従属節にとりこまれることによって半過去に変わっている．このような時制の変化のことを**時制の照応** concordance des temps という（§.64 参照）．

54. 直説法大過去 *(plus-que-parfait de l'indicatif)*　[114]

助動詞 (avoir または être) の半過去 ＋ 過去分詞

♣ aimer（大過去）

j' avais aimé	nous avions aimé
tu avais aimé	vous aviez aimé
il avait aimé	ils avaient aimé

♣ venir（大過去）

j' étais venu(e)	nous étions venu(e)s
tu étais venu(e)	vous étiez venu(e)(s)
il était venu	ils étaient venus
elle était venue	elles étaient venues

　助動詞の選択は複合過去とおなじ（この点はあらゆる複合時制で共通）．

1) 過去のある時点ですでに完了していたできごとや状態をあらわす．

Quand je suis arrivé à la gare, le train **était** déjà **parti**.　　私が駅に着いたときには，電車はもう出ていた．

le train **était parti**　　je **suis arrivé**　　　現在

2) また，時制の照応により，従属節において「過去からみた複合過去」をあらわす．

Il m'a dit qu'il **avait été** malade.　　　　　　　　　　　　　彼は自分が病気だったとわたしに言った．
(= Il m'a dit : « J'ai été malade. »)

[**Remarque**]　**逆従属の quand** *(quand inverse)*

　Quand je l'ai rencontrée, elle était étudiante.　　わたしと出会ったとき，彼女は学生だった．
　Quand j'étais enfant, j'allais souvent chez mon grand-père.

子供だったころ，わたしはよく祖父のところへ行ったものだ．

　上記のように，通常 quand にみちびかれる従属節は，意味的にも背景 *(arrière-plan)* となる事態をあらわし，主節が意味的にも前景 *(premier plan)*，すなわち主たる内容をあらわす．ところが，主節（この場合はかならず前置）が半過去におかれて背景をあらわし，あとにくる quand 節（複合過去または単純過去 (§.70)）が，文法的には従属節であるにもかかわらず意味的には前景をあらわすことがある．

　Il se promenait dans la forêt **quand** soudain un gros serpent l'a piqué.

かれは森を散歩していたら，突然大きな蛇にかまれた．

　quand のあとに，soudain, tout à coup など突発性を意味する副詞をともなうことが多く，物語文に多くみられる．このような quand を**逆従属の quand** という．

EXERCICES

1. つぎの各文の代名動詞を現在形に活用させたうえ，代名動詞の用法はどれか考えてください． [115]

1. La porte (se fermer) .... automatiquement.

2. Elle (se regarder) .... tout le temps dans la glace.

3. Je (s'appeler) .... Jean-Philippe Toussaint.

4. Ce mot ne (s'employer) .... plus.

5. Jean et Marie (se téléphoner) .... souvent.

6. Il n'accepte aucune critique. Il (se prendre) .... pour un grand chef.

2. つぎの各文の動詞を，複合過去・半過去・大過去のうち適切な時制に活用させてください． [116]

1. J'ai retrouvé le parapluie que j' (perdre) .... il y a un mois.

2. Jeanne d'Arc (mourir)... il y a environ 500 ans.

3. Quand j' (être) .... petit, je (jouer) .... toujours à la balle.

4. Il m'a dit que son frère (vouloir) .... me voir à ce moment-là.

5. Je croyais que Frédérique (finir) .... ses devoirs la veille.

6. Je connais bien la ville d'Osaka où j' (passer) .... mon enfance.

7. Quand j' (finir) .... mon travail, j'allais souvent me promener.

8. L'année dernière, j' (passer) .... mes grandes vacances au bord de la mer.

9. Au lycée, Frédérique et moi, nous (être) .... dans la même classe.

10. Elle (regarder) .... la télévision quand soudain le plafond (s'effondrer) ....

Leçon **11**

55. 直説法単純未来 *(futur simple de l'indicatif)* ⑴⑴⑺

一部の例外をのぞき，単純未来の語幹は不定法からつくられる．

語尾はつぎのとおりで，すべての動詞に共通．

je	**...rai**	[re]	nous	**...rons**	[rɔ̃]
tu	**...ras**	[ra]	vous	**...rez**	[re]
il	**...ra**	[ra]	ils	**...ront**	[rɔ̃]

r は不定法由来．そのあとの ai, as, a... は avoir の現在形由来．

♣ **aimer**（単純未来）

j'	aimerai	nous	aimerons
tu	aimeras	vous	aimerez
il	aimera	ils	aimeront

♣ **choisir**（単純未来）

je	choisirai	nous	choisirons
tu	choisiras	vous	choisirez
il	choisira	ils	choisiront

▶ appeler 型，acheter 型 の動詞では，不定法の語幹ではなく，強語幹 ([ɛ] 音の語幹) が単純未来の語幹になる．

♣ **appeler**（単純未来）

j'	appellerai	nous	appellerons
tu	appelleras	vous	appellerez
il	appellera	ils	appelleront

♣ **acheter**（単純未来）

j'	achèterai	nous	achèterons
tu	achèteras	vous	achèterez
il	achètera	ils	achèteront

▶ さらに例外的な語幹をとる動詞は，つぎのようなものがある．

aller > j'**irai**,　　　avoir > j'**aurai**,　　　courir > je **courrai**,　　mourir > je **mourrai**,

envoyer > j'**enverrai**,　　être > je **serai**,　　　faire > je **ferai**,　　　pouvoir > je **pourrai**,

prendre > je **prendrai**,　recevoir > je **recevrai**,　savoir > je **saurai**,　　tenir > je **tiendrai**,

venir > je **viendrai**,　　voir > je **verrai**,　　　vouloir > je **voudrai**

♣ **être**（単純未来）

je	serai	nous	serons
tu	seras	vous	serez
il	sera	ils	seront

♣ **avoir**（単純未来）

j'	aurai	nous	aurons
tu	auras	vous	aurez
il	aura	ils	auront

未来におこりうるできごとや状態をあらわす．可能性の高低はさまざまである．

Ma fille **terminera** ses études l'année prochaine.　　わたしの娘は来年卒業する．

Au quatrième top, il **sera** exactement quinze heures.　4つめの音でちょうど15時です．（時報）

si ＋直説法現在 (仮定節), 直説法単純未来 (帰結節).

で，実現／非実現の可能性への判断をと

もなわない，単なる仮定をあらわす．

S'il **fait** beau demain, nous **sortirons**.　　　　　もし明日いい天気なら，出かけましょう．

▶ si は il, ils の前で s' になる．

2人称で軽い命令をあらわすことがある.

Tu **feras** la vaisselle ce soir.　　　　　　　今夜はきみが皿洗いをしてね.

1人称で話者の意思をあらわすことができる.

Je **terminerai** ce travail demain.　　　　　　明日にはこの仕事をおわらせるぞ.

56. 直説法前未来 *(futur antérieur de l'indicatif)* 〔118〕

> 助動詞 (avoir または être) の直説法単純未来 ＋ 過去分詞

♣ **aimer**（前未来）

j' aurai aimé	nous aurons aimé
tu auras aimé	vous aurez aimé
il aura aimé	ils auront aimé

♣ **venir**（前未来）

je serai venu(e)	nous serons venu(e)s
tu seras venu(e)	vous serez venu(e)(s)
il sera venu	ils seront venus
elle sera venue	elles seront venues

未来のある時点までにすでに完了しているはずのできごとや状態をあらわす.

J'irai vous voir quand j'**aurai fini** mon travail.　　わたしは仕事をおわらせたらあなたに会いに行きます.

現在　　　　　　j' **aurai fini**　　j' **irai**

57. 中性代名詞 *(pronoms neutres)*：**le, en, y** 〔119〕

　中性代名詞とは，性数の別のない接語代名詞である．目的補語人称代名詞 (§.46) が，性数をもつ名詞に対応する「ひと」や「もの」をさすのに対し，中性代名詞は「こと」をさすのが原則.

1) **le**：属詞としては形容詞・無冠詞名詞にかわり，直接目的補語としては，不定法や節にかわる.
　属詞は通常は性数を帯びているが，leで受けなおすとき性数を捨てる.

Sont-elles contentes ?　　　　　　　　　　彼女らは満足していますか.
－Oui, elles **le** sont.　　　　　　　　　　－はい，そうです.

Aidez-moi, si vous **le** voulez bien.　　　　もしよろしければ手伝ってください.

2) **en**：原則的には「de ＋名詞」にかわる.

Il revient de Paris ?　　　　　　　　　　　彼はパリから帰ってきますか.
－Oui, il **en** revient.　　　　　　　　　　－はい，帰ってきます.

▶ ただし，「de ＋名詞」にかわるときでも，名詞が人をさすときは「de ＋強勢形」になる.

Tu parles de ton fiancé ?　　　　　　　　　きみの許婚者の話をしているの？
－Oui, je parle **de lui**.　　　　　　　　　－はい，彼の話をしています.

また，不定冠詞，部分冠詞つきの名詞にかわる.

Tu as des stylos ?　　　　　　　　　　　　ペンもってる？
－Oui, j'**en** ai. / Non, je n'**en** ai pas.　　　－うん，もってる. ／いや，もってない.

As-tu de l'argent ?　　　　　　　　　　　お金もってる？
－Oui, j'**en** ai. / Non, je n'**en** ai pas.　　　－うん，もってる. ／いや，もってない.

数詞，数量表現つきの名詞にかわる．この場合は，数詞や数量表現をはぶくと数量がわからなくなるので，それらをもとの位置に残す．

Combien de frères avez-vous ?　　　　　　　　兄弟は何人いますすか．
－J'en ai **deux**. (J'ai deux frères にかわる)　　　－ふたりいます.

Il aime le vin. Il **en** boit **beaucoup**.　　　　彼はワインが好きで，たくさんのみます．
(Il boit beaucoup de vin にかわる)

3) **y**：原則的には「à＋名詞」にかわる．

Allez-vous à Marseille ?　　　　　　　　　マルセイユにいきますか．
－Oui, j'**y** vais.　　　　　　　　　　　　　　－はい，いきます．

Tu penses à ton travail ?　　　　　　　　　仕事のことを考えてる？
－Oui, j'**y** pense.　　　　　　　　　　　　　－うん，考えてる．

▶ ただし，「à＋名詞」にかわるときでも，名詞が人をさすときで，penser à ... , tenir à ... などの一部の熟語では「à＋強勢形」になる．

Tu penses à Émilie ?　　　　　　　　　　　エミリーのことを考えてる？
－Oui, je pense **à elle**.　　　　　　　　　　－うん，考えてる．

▶ また，動詞が授与・伝達をあらわすとき，「à＋名詞」にかわるのは，間接目的補語代名詞（§.46）である．

Tu donneras ces fleurs à Nathalie ?　　　　これらの花をナタリーにあげるの？
－Bien sûr que je les **lui** donnerai.　　　　－もちろん，あげるよ．

▶ しかし，直接目的補語が1人称または2人称のときは，「à＋強勢形」で間接目的補語を示す．

Tu me présentes à ton père ?　　　　　　　君のお父さんにぼくを紹介してくれる？
－Oui, je te présente **à lui**.　　　　　　　　－うん，紹介するよ．

場所をあらわすときは，à にかぎらず，さまざまな前置詞句のかわりに用いられる．

Tu vas chez elle ?　　　　　　　　　　　　彼女の家に行くの？
－Oui, j'**y** vais.　　　　　　　　　　　　　－うん，行く．

4) le の位置は直接目的補語に準じ，en, y はほかの目的補語代名詞のあと，動詞の直前におかれる．

Nous **vous en** parlons.　　　　　　　　　わたしたちはあなたにその話をします．

y と en を併用するときは y en の順．

Il **y en** a beaucoup.　　　　　　　　　　　それはたくさんある．

また，肯定命令では動詞のあとにおかれ，moi-en, toi-en は m'en, t'en になる．

Va-**t'en** !　　　　　　　　　　　　　　　行ってしまえ！

EXERCICES

1. つぎの各文の動詞を単純未来に活用させてください．ただし，7，8では，必要なところでは前未来を用いてください． [120]

1. Il (faire) .... beau demain à Paris.

2. J'(aller) .... en France l'année prochaine.

3. Mon frère (venir) .... ici dans une heure.

4. Nous (partir) .... en vacances demain.

5. Si vous avez de la chance, vous (trouver) .... un nouvel emploi.

6. Tu m'(envoyer) .... ce document par Email.

7. Téléphonez-moi quand vous (arriver) .... à la Gare de l'Est.

8. Je (partir) .... dès que j' (prendre) .... mon petit déjeuner.

2. 下線部を中性代名詞におきかえて，肯定と否定の両方でこたえてください． [121]

1. Vous êtes déjà allé <u>au musée d'Orsay</u> ?

   ....

2. Est-ce que tu sais <u>qu'elle a divorcé</u> ?

   ....

3. Il n'a pas <u>d'argent</u> ?

   ....

4. Voulez-vous aller <u>à Lyon</u> cet été ?

   ....

5. Prenez-vous beaucoup <u>de café</u> ?

   ....

6. Tu l'as trouvé <u>dans cette corbeille</u> ?

   ....

VERSION [122]

La paix universelle se réalisera un jour non parce que les hommes deviendront meilleurs, mais parce qu'un nouvel ordre de choses, une science nouvelle, de nouvelles nécessités économiques leur imposeront l'état pacifique, comme autrefois les conditions mêmes de leur existence les plaçaient et les maintenaient en état de guerre.

(A. France, *Sur la pierre blanche*)

Leçon **12**

58. 非人称動詞 *(verbes impersonnels)* [123]

形式的主語 il とともに3人称単数にのみ用いられる動詞を非人称動詞という.
本来の非人称動詞と一般の動詞から転じたものがある.

1) 本来の非人称動詞：天候をあらわす動詞と falloir

Il **pleut**. (pleuvoir)　　雨がふる.　　*cf.* la pluie　雨
Il **vente**. (venter)　　風がふく.　　　 le vent　風
Il **neige**. (neiger)　　雪がふる.　　　 la neige　雪

falloir は名詞句や動詞の不定法などをとる.

Il **faut** un quart d'heure pour aller à la gare.　　駅に行くには15分かかる.
Il **faut** partir tout de suite.　　すぐに出発しなければならない.

▶ falloir の否定は禁止をあらわす.

Il **ne faut pas** fumer ici.　　ここでたばこを吸ってはいけません.

「だれにとって」は間接目的補語で示す.

Il **me faut** de l'aide.　　わたしは助けが必要だ.

2) 一般の動詞を転用するもの

既出の Il est (時間), il y a のほか，つぎのようなものがある.

Il **fait** beau (/mauvais /chaud / froid / doux / frais).
　　よい天気だ (/ 悪い天気だ / 暑い / 寒い / あたたかい / 涼しい).
Il **n'est** pas facile d'apprendre le français.　　フランス語を学習するのは簡単ではない.
Il **arrive** souvent des accidents à ce carrefour.　　この交叉点ではよく事故がおきる.
Il **reste** encore cinq cents euros.　　まだ500ユーロ残っている.
Il **paraît** que Jean est malade.　　ジャンは病気だそうだ.

59. 現在分詞 *(participe présent)* [124]

単純形　┌─────────────────────────────┐
　　　　│ 直説法現在の nous の語幹 ＋ 語尾 -ant │
　　　　└─────────────────────────────┘

aimer > **aimant**,　finir > **finissant**,　prendre > **prenant**,　faire > **faisant**

▶ 不規則：avoir > **ayant**,　être > **étant**,　savoir > **sachant**

複合形　┌─────────────────────────────────┐
　　　　│ 助動詞 (avoir または être) の現在分詞 ＋ 過去分詞 │
　　　　└─────────────────────────────────┘

finir > **ayant fini**,　partir > **étant parti(e)(s)**

単純形が同時性をあらわすのに対して，複合形は時間的な先行をあらわす.

1) 付加語的用法：直前の名詞を修飾する.

J'ai rencontré Claire **se promenant** dans le Bois de Boulogne.
　　わたしはブーローニュの森を散歩しているクレールに会った.

(= J'ai rencontré Claire qui se promenait dans le Bois de Boulogne.)

2) 同格的用法：主語と同格で分詞節をみちびき，付帯状況，原因，理由などをあらわす．

N'**ayant** pas d'argent, je n'ai pas pu acheter de moto.　　お金がなくて，オートバイを買うことができなかった．

(= Comme je n'avais pas d'argent, ...)

Ayant fini ses études, elle est partie pour la France.　　学業をおえて (学校を卒業して)，彼女はフランスに
むけて出発した．

(= Après qu'elle avait fini ses études, ...)

3) **絶対分詞節** (*proposition participiale absolue*)：現在分詞が独自の主語をともなって，分詞節をみちびく場合．

La nuit tombant, nous sommes rentrés chez nous.　　夜になったので，わたしたちは家にかえった．

いずれの場合も，現在分詞は，関係する名詞の性数にかかわらず無変化．

60. **ジェロンディフ** (*gérondif*) 125

en ＋ 現在分詞 　　（原則として単純形のみ）

主動詞の時との同時性をあらわすのが基本的機能である．文の内容によって，主動詞の実現にかかわる原因・理由，条件，手段，対立・譲歩などをあらわす．

Il mange **en regardant** la télévision.　　彼はテレビをみながら食べている．
Elle s'est perdue **en ramassant** des champignons.　　彼女はきのこ採りをしていて道にまよった．

En prenant le taxi, vous pouvez arriver à l'heure.　　タクシーにのれば，あなたは時間に間に合って着けます．

tout がつくと対立・譲歩の意味になりやすい．

Elle parlait **tout en mangeant**.　　食べながらも，彼女は話していた．

▶ 現在分詞が直近の名詞を修飾するのに対して，ジェロンディフは原則として主文の主節にかかわる．

J'ai rencontré Keiko **sortant** du cinéma.　　私は映画館から出てくる圭子と会った．
Sortant du cinéma, j'ai rencontré Keiko.　　映画館から出るとき私は圭子と会った．
J'ai rencontré Keiko **en sortant** du cinéma.　　私は映画館から出るとき圭子と会った．
En sortant du cinéma, j'ai rencontré Keiko.　　映画館から出るとき私は圭子と会った．

61. **感嘆文** (*phrase exclamative*) 126

感嘆文とは，高い程度や特異な様態に対する話者の強い反応をあらわす文である．ひろい意味では感嘆符（！）がつく文はすべて感嘆文であるが，感嘆文に用いられる独特の文型にはつぎのようなものがある．

Quel (＋形容詞) ＋ 名詞 (...) ！

Quelle (belle) maison !　　なんという (美しい) 家だろう！
Quel idiot je suis !　　わたしはなんと愚かなのだろう！

Que / Comme ＋ 文 ！

Qu' / **Comme** il fait beau !　　なんて天気がいいのだろう！

Que / Combien de ＋ 名詞 (...) ！

Que / **Combien de** fois nous sommes venus ici !　　何回ここに来たことか！

62. 強調構文 *(mise en relief)* ⌕127⌕

「まさに〜が」「まさに〜を」など

C'est (Ce sont)	主　語	**qui ...**
C'est (Ce sont)	主語以外の要素	**que ...**

Nicolas téléphone à Catherine tous les jours.　　　　ニコラはカトリーヌに毎日電話している.

→ **C'est** Nicolas **qui** téléphone à Catherine tous les jours.

まさにニコラが, カトリーヌに毎日電話しているのだ.

C'est à Catherine **que** Nicolas téléphone tous les jours.

まさにカトリーヌに, ニコラは毎日電話しているのだ.

C'est tous les jours **que** Nicolas téléphone à Catherine.

まさに毎日, ニコラはカトリーヌに電話しているのだ.

▶ C'est... qui 構文では, qui 以下の動詞は強調された主語に人称・数を一致させる.

C'est vous qui **avez** raison.　　　　　　　　　正しいのはあなたです.

[Remarque] 　**主語不一致ジェロンディフ** *(gérondif non-coréférentiel)*

　§60 でのべたように, ジェロンディフは主節の主語にかかわるのが原則ではあるが, 実際にはジェロンディフの主語が暗黙になっていて, それが主節の主語とは一致しない場合も少なくない. そのような事例を**主語不一致ジェロンディフ**という. つぎの例では, 食欲が食べるわけではなく, 乾きが飲むわけでもない.

L'appétit vient **en mangeant**, la soif s'en va **en buvant**. *(Rabelais, Gargantua)*

食欲は食べていると来るが, 乾きは飲んでいると去る

　このような文は, 実は現代でも生産的に用いられている. たとえば, つぎの文は駅の掲示からの引用である. もちろん, バス停が駅を出るわけではない.

　La halte routière se situe à gauche **en sortant** de la gare.　　バス停は駅を出て左にあります.

　これらの例は, **認知主体**を想定することで理解できる. つまり, 例に沿っていうと, 食欲を感じたり, バス停を発見したりする主体が, ジェロンディフの主語になるのである. 認知主体は完全に暗黙にされている場合と, 文脈上にあらわれている場合がある.

[Remarque] 　**知覚動詞と現在分詞・関係節**

　§49 では, 知覚動詞が不定法とともに用いられることを学んだが, 知覚動詞は不定法のかわりに現在分詞または関係節 (qui + 動詞) をしたがえることもある.

Je l'ai vue { jouer / jouant / qui jouait } au tennis.　　わたしは彼女がテニスを { するのを / しているのを / するところを } 見た.

　知覚動詞のあとの不定法は, 「テニスをする」のような動作を単純に示すのに対し, 現在分詞は (同時性をあらわすという性質から) 展開しつつあるものとして動作をとらえる. また, 関係節は, その先行詞である直接目的補語 (知覚対象) に主たる注目をむける.

EXERCICES

1. 下線部を現在分詞またはジェロンディフのうち適切な形を使って書きかえてください. ⌷128⌷

1. C'est un étudiant <u>qui désire poursuivre ses études en France</u>.

....

2. J'ai vu Claire <u>qui parlait avec un inconnu</u>.

....

3. Il ne cesse pas de parler <u>même pendant qu'il mange</u>.

....

4. <u>Après qu'ils avaient déjeuné</u>, les garçons sont allés jouer dehors.

....

5. Il se rase <u>et il chante en même temps</u>.

....

6. <u>Si vous cherchez bien</u>, vous le retrouverez.

....

2. わく内の接続詞や関係詞を使って，下線部を従属節に書きかえてください. ⌷129⌷

après que   comme   qui   si   même si

1. J'ai ouvert la fenêtre <u>donnant sur la mer</u>.

....

2. <u>Étant fatigué</u>, je me suis couché très tôt.

....

3. <u>Ayant pris connaissance du document</u>, nous avons discuté de certaines modifications
à y apporter.

....

4. <u>En prenant le TGV</u>, vous serez à Besançon vers midi.

....

5. Nos recettes vous permettent de perdre du poids <u>tout en mangeant équilibré</u>.

....

VERSION ⌷130⌷

Au Prado (*), on s'est séparés à l'entrée pour voir les salles chacun de son côté. En le retrouvant
à la sortie dans les jardins, il était avec un homme, il s'était fait alpaguer par un pédophile. J'ai
foncé sur l'homme en faisant les gros yeux et en grognant comme un loup, l'homme a détalé.

(Hervé Guibert, Fou de Vincent)

(*) Prado : プラド美術館

Leçon **13**

63. 条件法現在 *(présent du conditionnel)* [131]

直説法単純未来の語幹に，つぎの語尾をつける．

je	...**rais** [rɛ]	nous	...**rions** [rjɔ̃]
tu	...**rais** [rɛ]	vous	...**riez** [rje]
il	...**rait** [rɛ]	ils	...**raient** [rɛ]

歴史的には単純未来と半過去があわさった形なので，r までは単純未来とおなじ，そのあとは半過去とおなじ．

♣ **aimer**（条件法現在）

j'	aimerais	nous	aimerions
tu	aimerais	vous	aimeriez
il	aimerait	ils	aimeraient

♣ **finir**（条件法現在）

je	finirais	nous	finirions
tu	finirais	vous	finiriez
il	finirait	ils	finiraient

♣ **avoir**（条件法現在）

j'	aurais	nous	aurions
tu	aurais	vous	auriez
il	aurait	ils	auraient

♣ **être**（条件法現在）

je	serais	nous	serions
tu	serais	vous	seriez
il	serait	ils	seraient

▶ je の活用形では，単純未来 j'aimerai [... re] と条件法現在 j'aimerais [... rɛ] を，発音上は最後の母音のひらきの大小だけで区別する．

叙法的用法 *(emploi modal)*，時制的用法 *(emploi temporel)* にわかれる．

1) 叙法的用法：一定の条件のもとにおかれた帰結をあらわす．

(1) つぎのような構文において，現在あるいは未来の事実に反する仮定にもとづく（非現実の）帰結をあらわす．

> **Si ＋直説法半過去（仮定節），条件法現在（帰結節）**

S'il **faisait** beau, nous **sortirions**.　　もし天気がよければ，外出するでしょうに．

S'il **faisait** beau demain, nous **sortirions**.　　もし明日天気がよければ，外出するでしょうに．(明日確実に天気が悪いとき）

条件は si ... 節ばかりでなく，さまざまな表現によってあらわされる．

Moi, à ta place, je ne ferais pas ça.　　わたしがきみの立場なら，それはしないだろう．

Sans toi, je ne pourrais plus vivre !　　きみがいなければ生きていけないだろう．

事実に反する仮定ではないときは，つぎのようになる．

> **Si ＋直説法現在（仮定節），直説法単純未来（帰結節）.**

S'il **fait** beau demain, nous **sortirons**.　　明日天気がよければ，外出しましょう．

（2） 一定の条件のもとにおかれた帰結をあらわすことから，断言をさけ，語調を緩和するはたらきを果たす．たのみごとを遠まわしにいう丁寧ないいかたに用いられたり，断定をさける報道や伝聞の表現として用いられる．

Je **voudrais** vous demander un petit service.　　　ちょっとお願いがあるのですが．
Le premier ministre **serait** atteint d'une grave maladie.　総理大臣は大病をわずらっているらしい．

2） 時制的用法：時制の照応により，従属節中で，「過去からみた単純未来」をあらわす．

Il m'a dit qu'il **partirait** le lendemain.　　　彼は翌日出発するとわたしに言った．
(= Il m'a dit : « Je partirai demain. »)

64. 条件法過去 *(passé du conditionnel)* [132]

> 助動詞 (avoir または être) の条件法現在 ＋ 過去分詞

1） 叙法的用法：
  （1） つぎのような構文で，過去の事実に反する仮定にもとづく（非現実の）帰結をあらわす．

> Si ＋直説法大過去 (仮定節)，条件法過去 (帰結節)．

  S'il **avait fait** beau hier, nous **serions sortis**.　　もし昨日天気がよければ，外出したでしょうに．

  （2） 過去の条件のもとにおかれた帰結をあらわすことから，過去に実現しなかった事態を提示しての後悔や非難の語調緩和や，過去の事態について断定をさける報道や伝聞の表現として用いられる．

  J'**aurais dû** réserver ma place.　　　　　座席を予約するべきだったなあ．
  Un avion **se serait écrasé** hier en Russie.　　昨日ロシアで航空機が墜落したもよう．

2） 時制的用法： 時制の照応により，従属節中で，「過去からみた前未来」をあらわす．

  Il m'a dit qu'il **serait parti** avant midi.　　　彼は正午以前には出発しているとわたしに言っ
   (=Il m'a dit : « Je serai parti avant midi. »).　　た．

65. 話法と時制の照応 *(discours rapporté et concordance des temps)* [133]

1） 直接話法と間接話法

  直接話法 *(discours direct)* とは，他者の発言を引用符 « ... » にくくってそのまま伝える話法．**間接話法** *(discours indirect)* は，伝える内容を話者の発言のなかに取りこんで述べる話法．間接話法にするには，平叙文では接続詞 **que** を用いる．

直接話法： Elle me dit : « Je suis étudiante. »　　彼女はわたしに言う．「わたしは学生です」
間接話法： Elle me dit qu'**elle** est étudiante.　　彼女はわたしに自分が学生だと言う．

　　上の例で je から elle に人称が変換されていることに注意．間接話法の従属節では，被引用部のもとの話者の視点からではなく，文全体の話者の視点からみた人称を用いる．

2) 時制の照応

間接話法で，主節が過去の諸時制におかれたときは，視点がかわることにより，従属節中の時制が変化する．これを，**時制の照応** (concordance des temps) という．

> 過去における現在 → **半過去**
> Il disait : « Je viens. » → Il disait qu'il **venait**.
> 過去における複合過去 → **大過去**
> Il disait : « Je suis venu. » → Il disait qu'il **était venu**.
> 過去における単純未来 → **条件法現在**
> Il disait : « Je viendrai. » → Il disait qu'il **viendrait**.
> 過去における前未来 → **条件法過去**
> Il disait : « Je serai venu. » → Il disait qu'il **serait venu.**

3) 副詞の変換

> avant-hier 一昨日 → l'avant-veille 前々日　　　　hier 昨日　　 → la veille 前日
> aujourd'hui 今日　 → ce jour-là その日　　　　　　demain 明日 → le lendemain 翌日
> après-demain 明後日　→ le surlendemain 翌々日
> ce matin (soir) 今朝 (今夜)　　　　　→ ce matin (soir)-là その朝 (その夜)
> maintenant 今　　　　　　　　　　　→ alors その時
> dans deux heures (今から) 2時間後　　→ deux heures plus tard 2時間ののち
> la semaine dernière 先週　　　　　　→ la semaine précédente その前の週
> la semaine prochaine 来週　　　　　　→ la semaine suivante 翌週
> ici ここ → là (à cet endoit) そこ　　ceci これ → cela それ

4) 疑問文の間接話法

（1）倒置はもとにもどし，平叙文の語順にする．疑問詞は，原則としてそのまま従属節をみちびく接続詞になる．

Elle lui a demandé : « Qui est-ce que vous cherchez ? »　　彼女は彼にたずねた．「だれをさがしているのですか」
(... « Qui cherchez-vous ? »)
→ Elle lui a demandé **qui** il cherchait.　　　　　　　　彼女は彼にだれをさがしているかたずねた．

（2）ただし，

> qu'est-ce qui → **ce qui**　　　que (qu'est-ce que) → **ce que**

Elle lui a demandé : « Qu'est-ce que vous cherchez ? »　　彼女は彼にたずねた．「なにをさがしているのですか」
(... « Que cherchez-vous ? »)
→ Elle lui a demandé **ce qu'**il cherchait.　　　　　　　彼女は彼になにをさがしているかたずねた．

（3）全体疑問文 (§.20) は，間接話法では接続詞 **si** でみちびく．

Elle m'a demandé : « Tu es content ? »　　　　　　　　彼女はわたしにたずねた．「うれしい ?」
→ Elle m'a demandé **si** j'étais content.　　　　　　　彼女はわたしに満足しているかたずねた．

5) 命令文の間接話法

> **de** (ne pas) ＋ **不定法**

Elle m'a dit : « Ne fumez pas ici. »　　　　　　　　　彼女は私に言った．「ここでたばこを吸わないで」
→ Elle m'a dit **de ne pas fumer** là.　　　　　　　　　彼女は私にそこでたばこを吸わないよう言った．

EXERCICES

1. [例] にならって，事実に反する仮想をあらわす文をつくってください. [134]

[例] Comme je n'ai pas d'argent, je ne peux pas acheter de voiture.
　　→ Si j'avais de l'argent, j'achèterais une voiture.

1. J'ai sommeil, donc je ne peux pas conduire.
   ....

2. Je n'ai pas pu entrer chez moi, car j'avais perdu la clef.
   ....

3. Il neige beaucoup, donc nous ne pouvons pas sortir.
   ....

4. Elle n'a pas de temps pour faire du sport.
   ....

5. Ils n'ont pas travaillé sérieusement, et ils ont échoué à l'examen.
   ....

2. つぎの各文を間接話法に変換してください. [135]

1. Mon père me disait : « Tu dois être un peu plus prudent. »
   ....

2. Keiko m'a dit : « Je suis arrivée à Paris hier. »
   ....

3. Henri m'a dit : « Je te prêterai ce livre quand je l'aurai lu. »
   ....

4. Claire lui a demandé : « Quand reviendras-tu ? »
   ....

5. Ahmed nous a demandé : « Vous aimez le couscous ? »
   ....

6. Je lui ai dit : « Téléphone-moi demain. »
   ....

VERSION [136]

　　Le soir, Marie est venue me chercher et m'a demandé si je voulais me marier avec elle. J'ai dit que cela m'était égal et que nous pourrions le faire si elle le voulait. Elle a voulu savoir alors si je l'aimais. J'ai répondu comme je l'avais déjà fait une fois, que cela ne signifiait rien mais que sans doute je ne l'aimais pas. « Pourquoi m'épouser alors ? » a-t-elle dit. Je lui ai expliqué que cela n'avait aucune importance et que si elle le désirait, nous pouvions nous marier. (A. Camus, *L'Étranger*)

[Remarque]　時制の照応の例外

1. 直接話法被引用部が半過去・大過去・条件法のときは間接話法でも時制は変わらない.
   Ma mère a dit : « Quand j'habitais à Paris, j'allais souvent au Louvre. »
   → Ma mère a dit que quand elle **habitait** à Paris, elle **allait** souvent au Louvre.
   　　　　　　　　わたしの母は，パリに住んでいたとき，よくルーヴル美術館に行ったものだと言った.
2. 不変の真理をあらわす現在形は間接話法でも同じ.
   Galilée a dit que la Terre **tourne** autour du Soleil.　　ガリレオは地球が太陽のまわりをまわると言った.

Leçon **14**

66. 接続法現在 *(présent du subjonctif)* [137]

語幹はほとんどの動詞で直説法現在の ils の語幹とおなじ.

語尾は, avoir と être をのぞいてすべて共通.

je	...-e	[無音]	nous	...-ions	[jɔ̃]
tu	...-es	[無音]	vous	...-iez	[je]
il	...-e	[無音]	ils	...-ent	[無音]

je, tu, il, ils は第1群規則動詞の直説法現在とおなじ. nous, vous は直説法半過去とおなじ.

♣ **aimer**（接続法現在）

que j' aime	que nous aimions
que tu aimes	que vous aimiez
qu' il aime	qu' ils aiment

♣ **finir**（接続法現在）

que je finisse	que nous finissions
que tu finisses	que vous finissiez
qu' il finisse	qu' ils finissent

▶ 直説法現在の nous, vous の語幹と ils の語幹がことなる動詞では, 接続法現在でもそのちがいがあらわれる.

♣ **acheter**（接続法現在）

que j' achète	que nous achetions
que tu achètes	que vous achetiez
qu' il achète	qu' ils achètent

♣ **venir**（接続法現在）

que je vienne	que nous venions
que tu viennes	que vous veniez
qu' il vienne	qu' ils viennent

▶ 直説法にない語幹をとるものもある.

faire :	que je fasse...	que nous fassions...
pouvoir :	que je puisse...	que nous puissions...
savoir :	que je sache...	que nous sachions...

▶ そのうち, nous, vous でだけ語幹が切りかわるタイプにはつぎのようなものがある.

aller :	que j' aille...	que nous allions...
vouloir :	que je veuille...	que nous voulions...
valoir :	que je vaille...	que nous valions...

▶ avoir, être だけは, 語幹も語尾も不規則.

♣ **avoir**（接続法現在）

que j' aie	que nous ayons
que tu aies	que vous ayez
qu' il ait	qu' ils aient

♣ **être**（接続法現在）

que je sois	que nous soyons
que tu sois	que vous soyez
qu' il soit	qu' ils soient

直説法が事実をありのままにのべる叙法であるのに対して，接続法は，基本的に，話者が頭のなか
で考えたことをのべる叙法である.

1) 主節が願望，判断，疑念，否定などをあらわすとき，「～こと」の意味の que 節(補足節) 内で.

　　Nous souhaitons que vous **passiez** de bonnes vacances.
　　　　　　　　　　　　　　　　　　　あなたがよい休暇をお過ごしになるようわたしたちはお祈りします.

　　Je doute qu'il **vienne**.　　　　　　　　わたしは彼が来ないのではないかと疑う.
　　Je crains qu'il ne **pleuve**.　　　　　　雨が降るのではないかと心配です. [虚辞の ne : §.68 参照]
　　Je ne crois pas qu'il **dise** la vérité.　　彼が本当のことを言っているとは思わない.

　　▶ que... 節が文頭にたつときは，主節の内容にかかわりなく接続法が用いられる.

　　Qu'il y **ait** un aspect structuraliste chez Marx, cela est évident.　　(Jean Piaget)
　　　　　　　　　　　　マルクスに構造主義的な一面があることは明らかだ. (ジャン・ピアジェ)

2) 話者の主観的判断をあらわす非人称構文において.

　　Il faut que vous **partiez** tout de suite.　　あなたはすぐに出発しなければなりません.
　　(= Il vous faut partir tout de suite.)

　　Il est possible que je **meure** dans un an.　わたしが1年後に死ぬということもありうる.
　　C'est dommage que tu ne **puisses** pas venir.　きみが来られないなんて残念だ.

3) 先行詞が最上級や唯一的な表現のとき，あるいは，関係節の意味内容が願望，疑念，否定などで
あるとき.

　　C'est le meilleur ami qu'on **puisse** trouver.　　かれは見つけうる最良の友だちだ.
　　Claire est la seule personne avec qui je me **sente** bien.
　　　　　　　　　　クレールはいっしょにいてわたしがここちよく感じるただひとりの人だ.
　　Je cherche une secrétaire qui **soit** forte en informatique.
　　　　　　　　　　　　わたしは情報処理（コンピューター）に強い秘書をさがしている.

4) つぎのような連語的接続詞につづく従属節中で.

期限：avant que (ne)	～するまえに	jusqu'à ce que	～するまで
目的：pour que, afin que	～するために	de peur que (ne)	～しないように
条件：à moins que (ne)	～でなければ	pourvu que	～しさえすれば
譲歩：bien que, quoique	～であっても	quelque ... que	いかに～でも
否定：non (pas) que	～ではなく	sans que (ne)	～せずに

　　Attendons jusqu'à ce que la réponse **arrive**.　　返事が来るまで待ちましょう.
　　Parlez plus lentement pour qu'on vous **comprenne**.　理解できるように，もっとゆっくり話してください.
　　Bien qu'il **soit** fatigué, il continue à travailler.　疲れているにもかかわらず，彼は働きつづける.
　　Il fait ce travail sans qu'on s'en **aperçoive**.　　彼はだれにも気づかれずにその仕事をする.

5) 独立節において，願望や，祈願，巫呪をあらわす. que がない場合もある (その場合は倒置が多い).

　　Que son âme **repose** en paix !　　　　　彼の魂がやすらかに眠りますように.
　　Vive la France !　　　　　　　　　　フランス万歳！
　　Ainsi **soit**-il !　　　　　　　　　　　かくあれかし. (＝Amen！)

67. 接続法過去 *(passé du subjonctif)* 138

> 助動詞 (avoir または être) の接続法現在 ＋ 過去分詞

　接続法現在が主節と同時性においてとらえられることがらをあらわすのに対して，主節からみて時間的に先行していることがらをあらわす.

Je doute qu'il **soit venu**.	わたしは彼が来なかったのではないかと疑う.
(*cf.* Je doute qu'il vienne.)	(わたしは彼が来ないのではないかと疑う)

68. 虚辞の ne *(«ne» explétif)* 139

　従属節中で心理的な拒絶，否認のニュアンスを反映してあらわれる ne を**虚辞の ne** という. 否定的な意味のために接続法が多くなるが，比較構文では直説法.

Je crains qu'il **ne pleuve** demain.	明日雨がふるのではないかと心配だ.
Partez avant qu'il **ne fasse** noir.	暗くならないうちに出発してください.
Il est plus riche que vous **ne le pensez**.	彼はあなたが思っている以上に金持ちです.

69. -ment 型副詞 *(adverbes en -ment)* 140

原則：　　形容詞女性単数形 ＋ **ment**

certain 確かな	→ certainement	確かに
heureux 幸せな	→ heureusement	幸いにも
systématique 体系的な	→ systématiquement	体系的に *etc.*

▶ 例外

（1）母音におわる形容詞 → そのまま -ment をつける

vrai 本当の	→ vraiment	本当に
absolu 絶対の	→ absolument	絶対に *etc.*
ただし gai 楽しい	→ gaiement	楽しく

（2）-ant, -ent [ɑ̃] におわる形容詞 → amment, -emmant [amɑ̃]

suffisant 十分な	→ suffisamment	十分に
évident 明白な	→ évidemment	明白に *etc.*
ただし lent (速度が) 遅い	→ lentement	ゆっくりと

（3）一部 -ément となるものもある

précis 正確な	→ précisément	正確に
commun 共通の	→ communément	共通して *etc.*

EXERCICES

各文の動詞を1.〜6.では接続法現在，7.〜8.では接続法過去に活用させてください．[141]

1. Il ne faut pas que tu (boire) .... trop de vin.

2. Je voudrais que tu (venir) .... me chercher à l'aéroport.

3. C'est dommage que vous (devoir) .... déjà rentrer.

4. Bien qu'elle (être) .... vieille, ma grand-mère fait souvent du ski.

5. Il n'y a que toi qui (pouvoir) .... le faire.

6. Je crains que vous ne (tomber) .... malade.

7. Il est content que sa fille (réussir) .... au concours d'entrée.

8. Ne descendez pas avant que le train (s'arrêter complètement) ....

VERSION [142]

1. Je ne veux pas d'un pareil bonheur. Comprenez que je ne tiens pas à être heureuse. Je préfère savoir. Il y a beaucoup de choses, de tristes choses assurément, que je ne puis pas voir, mais que vous n'avez pas le droit de me laisser ignorer. J'ai longtemps réfléchi durant ces mois d'hiver ; je crains, voyez-vous, que le monde entier ne soit pas si beau que vous me l'avez fait croire, pasteur, et même qu'il ne s'en faille de beaucoup.

(A. Gide, *La symphonie pastorale*)

2.

LE PONT MIRABEAU
Guillaume Apollinaire

Sous le pont Mirabeau coule la Seine
Et nos amours
Faut-il qu'il m'en souvienne
La joie venait toujours après la peine

Vienne la nuit sonne l'heure
Les jours s'en vont je demeure

Les mains dans les mains restons face à face
Tandis que sous
Le pont de nos bras passe
Des éternels regards l'onde si lasse

Vienne la nuit sonne l'heure
Les jours s'en vont je demeure

L'amour s'en va comme cette eau courante
L'amour s'en va
Comme la vie est lente
Et comme l'Espérance est violente

Vienne la nuit sonne l'heure
Les jours s'en vont je demeure

Passent les jours et passent les semaines
Ni temps passé
Ni les amours reviennent
Sous le pont Mirabeau coule la Seine

Vienne la nuit sonne l'heure
Les jours s'en vont je demeure

Leçon **15**

70. 直説法単純過去 *(passé simple de l'indicatif)* [143]

単純過去の語尾は，つぎのふたつのパターンにわかれる.

1. -er 型動詞　　　　　　　　　　　　**2.** 他の動詞

je	**-ai**	nous	**-âmes**
tu	**-as**	vous	**-âtes**
il	**-a**	ils	**-èrent**

je	**-_s**	nous	**-^mes**
tu	**-_s**	vous	**-^tes**
il	**-_t**	ils	**-_rent**

2では，**_** (語幹の最後の母音の位置) に，原則としてつぎの母音がはいる.

(i) **-ir** 動詞，**-re** 動詞のとき，**i** :　　　　-is, -is, -it, -îmes, -îtes, -irent

(ii) **venir**, **tenir** とその合成語のとき，**in** [ɛ̃] :　-ins, -ins, -int, -înmes, -întes, -inrent

(iii) **-oir** 動詞のとき，**u** :　　　　　　　-us, -us, -ut, -ûmes, -ûtes, -urent

♣ aimer

j' aimai	nous aimâmes
tu aimas	vous aimâtes
il aima	ils aimèrent

♣ finir

je finis	nous finîmes
tu finis	vous finîtes
il finit	ils finirent

♣ faire

je fis	nous fîmes
tu fis	vous fîtes
il fit	ils firent

♣ pouvoir

je pus	nous pûmes
tu pus	vous pûtes
il put	ils purent

♣ venir

je vins	nous vînmes
tu vins	vous vîntes
il vint	ils vinrent

♣ avoir

j' eus	nous eûmes
tu eus	vous eûtes
il eut	ils eurent

♣ être [例外的に (iii) 型活用]

je fus	nous fûmes
tu fus	vous fûtes
il fut	ils furent

　単純過去は文語体であると説く教科書もあるが，文語といっても，評論や学術論文には出てこない. 出てくるのは，物語や歴史叙述のなかだけである. 物語のなかであれば，こどもむけのお話にも出てくる. たとえば，つぎの例は『星の王子さま』の一節 (沙漠で王子さまに初めて出あうところ) である.

　Je **regardai** donc cette apparition avec des yeux tout ronds d'étonnement. N'oubliez pas que je me *trouvais* à mille milles de toutes les régions habitées. Or mon petit bonhomme ne me *semblait* ni égaré, ni mort de fatigue, ni mort de faim, ni mort de soif, ni mort de peur. Il n'*avait* en rien l'apparence d'un enfant perdu au milieu du désert, à mille milles de toute région habitée. Quand je **réussis** enfin à parler, je lui **dis** :

—Mais... qu'est-ce que tu fais là ?

Et il me **répéta** alors, tout doucement, comme une chose très sérieuse :

—S'il te plaît... dessine-moi un mouton.

(Saint-Exupéry, *Le Petit Prince*)

ぼくは, おどろきで目をまるくして, ぼくの目のまえにあらわれた子を<u>眺めた</u>. わすれてもらってはこまるけれど, ぼくは, ひとの住んでいるあらゆるところから, 1000マイルもはなれたところに<u>いたのだ</u>. でもこの子は, 迷ったようでもないし, 疲れて死にそうでもないし, おなかがすいて死にそうでもないし, のどがかわいて死にそうでもないし, こわくて死にそうでもなかった. ひとの住んでいるあらゆるところから, 1000マイルもはなれた沙漠のただ中でまよっている子どもにはまったく見えなかった. ついにわたしが話しかける<u>ことができ</u>, わたしは<u>言った</u>.
「でも, ここでなにをしているの？」
するとその子は, とても大事なことのように, ゆっくりと<u>くりかえした</u>.
「おねがい, ひつじの絵をかいて」

　地の文は単純過去（フランス語では青太字, 日本語訳では実線の下線部）と半過去（フランス語では斜字, 日本語訳では点線の下線部）を基調としている. 半過去で状態, 情景を描写し, 単純過去で話の筋になる完了的なできごとを示している. つまり, 物語以外なら複合過去をつかうはずのところで, 単純過去を使っている. 完了・未完了の区別をするだけなら複合過去と単純過去のどちらか一方があれば足りるが, 単純過去があることによって, 文が物語らしくなる. フランス語は, 単純過去・複合過去という時制をつかって, 言説 (discours) か, 物語 (histoire) かという, 発話の次元 (plan d'énonciation) を区別しているのである.

発話の次元 *(plan d'énonciation)*	完了相の時制 *(temps perfectif)*	未完了相の時制 *(temps imperfectif)*
言説 *(discours)*	複合過去 *(passé composé)*	半過去 *(imparfait)*
物語 *(histoire)*	単純過去 *(passé simple)*	

▶ 単純過去でのおもな不規則動詞

boire > je **bus**, conduire > je **conduisis**, connaître > je **connus**, croire > je **crus**,
devoir > je **dus**, dire > je **dis**, écrire > j'**écrivis**, entendre > j'**entendis**,
lire > je **lus**, mettre > je **mis**, mourir > je **mourus**, naître > je **naquis**,
pouvoir > je **pus**, prendre > je **pris**, recevoir > je **reçus**, savoir > je **sus**,
vivre > je **vécus**, voir > je **vis**, vouloir > je **voulus**

71. 直説法前過去 *(passé antérieur de l'indicatif)* 〔144〕

> 助動詞 (avoir または être) の単純過去 ＋ 過去分詞

　過去からみた過去をあらわすことは大過去と同様であるが, 前過去はとくに直前の完了, あるいは急速な完了をあらわす.

Dès qu'elle **eut prononcé** ces mots, elle s'en alla.　彼女はそれらのことばを言いおわるや否や, 立ち去った.
Il **eut lu** le livre en dix minutes.　彼はその本を10分で読破した.

72. 自由間接話法 *(discours indirect libre)* [145]

　自由間接話法とは，間接話法と直接話法の特徴をあわせもつ話法である．形は基本的に間接話法から「主節 (il dit など) + que」をとりのぞいて独立節にしたもの．通常は引用符も用いない．ただし，独立節になることにより，疑問の est-ce que や倒置は直接話法と同様になる．また，間投詞や感嘆的要素があらわれることがあり，この点も直接話法的である．おもに文学作品で用いられるが，報道文などにもあらわれる．

　　Alors Nana lâcha tout ce qui lui vint à la bouche. <u>Oui, oui, elle n'était pas bête, elle voyait clair. On s'était fichu d'elle pendant le dîner, on avait dit des horreurs pour montrer qu'on la méprisait.</u>

(E. Zola, Nana)

　そしてナナは口に出てくることをすべて吐き出した．<u>ええ，あたしはばかじゃないからね，よくわかっているわよ．夕食のあいだみんなわたしのことをばかにして，あたしを軽蔑することを示そうとして，ひどいことばかり言ってくれたわね．</u>

　この例で下線部が自由間接話法である．語り手にかわって，登場人物の発言や心内発話が直接えがき出される効果がある．

[Remarque]　**文体的倒置** *(inversion stylistique)*

　全体疑問文においては，§.20 で説明したように，代名詞主語は Êtes-vous étudiant ? のような単純倒置 *(inversion simple)*，名詞主語は Pierre est-il étudiant ? のような複合倒置 *(inversion complexe)* がなされうるが，それ以外に，以下に示すような環境では，名詞主語が単純倒置されることもある．名詞主語の単純倒置を**文体的倒置**という．

1. 部分疑問文 (疑問詞にはじまる疑問文) で
   Où **se trouve votre maison** ?　　　　　　　　　　あなたの家はどこですか．
   多くの疑問詞が，文体的倒置，複合倒置の両方を許容する．
   Où **votre maison se trouve-t-elle** ?　　　　　　　あなたの家はどこですか．
   しかし，que は複合倒置を許さず，pourquoi は文体的倒置を許さない．
   Que **fera Pierre** ?　　　　　　　　　　　　　　　ピエールは何をするのだろう．
   Pourquoi **votre fille pleure-t-elle** ?　　　　　　どうしてあなたの娘さんは泣いているのですか．

2. 関係節中で
   Voilà ce qu'**affirme Pierre**.　　　　　　　　　　それがピエールの断定していることだ．

3. 一部の従属接続詞のあとで
   Comme le **dit Nietszche**, chaque langue est intéressante en soi.
   　　　　　　　　　　　　　　ニーチェがいうように，おのおのの言語はそれ自体で興味ぶかい．

4. 直接話法の主節 (Pierre dit : ...) を挿入節 (..., dit Pierre, ...) にするとき
   «À mon âge, **dit Pierre**, on aime la tranquillité propice au travail.»
   　　　　　　　　　　「ぼくの歳では」とピエールは言った，「仕事に好都合な静けさがいいんだよ」

5. 属詞形容詞にはじまる文で
   Heureux **sont les pauvres**, car le royaume des cieux est à eux. *(Évangile selon Lucas)*
   　　　　　　　　　　幸いなるかな，貧しきものたち．天国はかれらのものなり．（「ルカによる福音書」）

6. 状況補語にはじまる文で（動詞が自動詞または代名動詞のときに限る）
   Ici **repose Vincent van Gogh**.　　　　　　　ここにヴァン・ゴッホねむる．（墓碑銘）
   En 1914 **éclata la Première Guerre Mondiale**.　　1914年に第1次世界大戦が勃発した．

EXERCICES

動詞を単純過去または前過去のうち適切な形に活用させてください. ☐146

1. Jean-Jacques Rousseau (naître) .... en 1712 et (mourir) ....

   .... en 1778.

2. La Première Guerre mondiale (éclater) .... en 1914.

3. Ils (sortir) .... de la maison et (monter) .... dans

   la voiture.

4. Dès qu'ils (sortir) .... de la maison, ils (monter) ....

   dans la voiture.

5. Aussitôt qu'il (rentrer) .... , il (appeler) .... ses

   enfants.

VERSION ☐147

1. Ils partirent à travers les petites rues où l'aube naissait. Il faisait doux, dans le ciel les nuages se teintaient de rose. On aurait dit une promenade toute pareille à celles qu'ils avaient faites si souvent après de grandes nuits de travail. En haut des escaliers qui descendaient vers la gare, ils s'arrêtèrent, un moment ils regardèrent les longs toits plats des trains rangés au bord des quais où dix cadrans noirs aux aiguilles blanches marquaient chacun cinq heures et demie.   (S. de Beauvoir, *L'Invitée*)

2. Une faculté extraordinaire, dont il ne savait pas l'objet, lui était venue. Il se demanda, sérieusement, s'il serait un grand peintre ou un grand poète ; et il se décida pour la peinture, car les exigences de ce métier le rapprocheraient de Mme Arnoux. Il avait trouvé sa vocation ! Le but de son existence était clair maintenant, et l'avenir infaillible.   (Flaubert, *L'éducation sentimentale*)

3. Le besoin disparaît quand il est satisfait ; l'envie renaît à chacun de ses assouvissements. Cependant, le besoin fonctionne quelquefois comme l'envie : à sa satisfaction succède tôt ou tard un nouvel état de manque, qui à son tour entraîne la nécessité de satisfaire le besoin à nouveau présent. Mais il me semble que le mécanisme du besoin est plus aliénant que celui de l'envie : le besoin qui resurgit est toujours le même (le besoin de manger, par exemple, se manifeste à heures régulières), alors que l'envie comblée engendre une envie toujours différente, plus exigeante.

   (Rémi Bertrand, *Un bouquin n'est pas un livre*)

Leçon **16**

73. 接続法の時制の照応 *(concordance des temps du subjonctif)* ⟨148⟩

　主節が従属節の動詞に接続法を要求するときは，主節の時制，および主節と従属節との時間関係によって，(1)〜(4) の4とおりの時制がつかわれる.

主　節	従　属　節	
	主節からみた現在・未来	主節からみた過去・完了
現在・未来時制	(1) 接続法現在 Je crains qu'il **pleuve**. 雨がふるのではないかと心配だ.	(2) 接続法過去 Je crains qu'il **ait plu**. 雨がふったのではないかと心配だ.
過去時制・条件法	(3) 接続法半過去 Je craignais qu'il **plût**. 雨がふるのではないかと心配だった.	(4) 接続法大過去 Je craignais qu'il **eût plu**. 雨がふったのではないかと心配だった.

　ただし，現代語，とくに話しことばでは，接続法半過去・大過去は煩瑣な活用がきらわれ，かわりにそれぞれ接続法現在・接続法過去が使われる (3',4').

(3) ⇒ (3')　Je craignais qu'il **pleuve**.
(4) ⇒ (4')　Je craignais qu'il **ait plu**.

[Remarque]

　J. Damourette と E. Pichon が1925年に収集したつぎの会話は，20世紀前半にはパリでは接続法半過去はほとんど使われなくなっていたのに対し，地方にはそのころまで残っていたことを示している.

　Un ouvrier (accent parisien) — Vous ne l'aviez jamais vue ? [La Tour Eiffel]
　Un soldat (provincial) — Si, mais avant qu'elle ne **fût** illuminée.
　L'ouvrier — Hein ? Comment ?
　Le soldat — Je dis que je ne l'avais vue qu'avant qu'elle ne **soit** illuminée.

(J. Damourette et E. Pichon : *Des mots à la pensée,* tome 5, p.637)

労働者 (パリ方言) — (エッフェル塔を) 見たことはなかったのですか？
兵士 (地方出身)　— ありますよ. でも照明がつく以前のことです.（接続法半過去で）
労働者　　　　　— えっ？何ですか？
兵士　　　　　　— 照明がつく以前しか見たことがないということです.（接続法現在で）

---

74. 接続法半過去 *(imparfait du subjonctif)* ⟨149⟩

接続法半過去の語幹はすべて直説法単純過去とおなじ.
そのあとにつぎの語尾 (全動詞に共通) をつける.

que je	-__sse	que nous	-__ssions
que tu	-__sses	que vous	-__ssiez
qu' il	-__^t	qu' ils	-__ssent

▶ 3人称単数で t の直前の母音にアクサン・シルコンフレクスがつく．-er 型以外の動詞では，このアクサンだけで直説法単純過去と接続法半過去の活用形を区別する．

♣ **aimer**

que j' aimasse	que nous aimassions
que tu aimasses	que vous aimassiez
qu' il aimât	qu' ils aimassent

♣ **faire**

que je fisse	que nous fissions
que tu fisses	que vous fissiez
qu' il fît	qu' ils fissent

♣ **avoir**

que j' eusse	que nous eussions
que tu eusses	que vous eussiez
qu' il eût	qu' ils eussent

♣ **être**

que je fusse	que nous fussions
que tu fusses	que vous fussiez
qu' il fût	qu' ils fussent

用法は，接続法現在に §73 の時制の照応がくわわったものである．

Au moyen-âge, pour qu'une ville **pût** atteindre à une prospérité, il fallait qu'elle **fût** protégée contre les ennemis.　(Noël Nouët)

　　　　　中世，都市が繁栄できるためには，その都市が敵に対して守られていなければならなかった．

(*cf.* 主節が現在なら：Pour qu'une ville **puisse** atteindre à une prospérité, il faut qu'elle **soit** protégée contre les ennemis.)

75. 接続法大過去 (*plus-que-parfait du subjonctif*) ⌊150⌋

助動詞 (avoir または être) の接続法半過去 ＋ 過去分詞

用法は，接続法過去に §73 の時制の照応がくわわったものである．

Je me suis demandé s'il y avait des exemples de condamnés à mort qui **eussent échappé** au mécanisme implacable.　(A. Camus)

　　　　　この冷酷なメカニズムからのがれた死刑囚がいたのだろうかとわたしは自問した．

(*cf.* 主節が現在なら：Je me demande s'il y a des exemples de condamnés à mort qui **aient échappé** au mécanisme implacable.)

76. 条件法過去第2形 (*la deuxième forme du conditionnel passé*) ⌊151⌋

　接続法大過去は，条件法過去のほとんどの用法（伝聞用法をのぞく）にかわって用いられる．このとき，接続法大過去は，条件法過去第2形ともよばれる．さらに，条件法過去第2形は，直説法大過去にかわって si 節のなかでも使われる．

S'il $\begin{bmatrix} \text{avait été} \\ \text{eût été} \end{bmatrix}$ plus attentif, il $\begin{bmatrix} \text{aurait pu} \\ \text{eût pu} \end{bmatrix}$ éviter l'accident.

　　　　　もし彼がもっと注意深かったなら，彼は事故を避けることができただろうに．

仮定節のみ，あるいは帰結節のみで条件法過去第2形を使うこともできる．

Le nez de Cléopatre, s'il **eût été** plus court, toute la face de la terre aurait changé.　(Pascal)

　　　　　クレオパトラの鼻，それがもっと低かったら，地球の全表面が変わっていただろう．

77. 接続詞 *(conjonction)* 152

接続詞とは，文中でふたつの部分をむすびつける語である．

1) **等位接続詞** *(conjonction de coordination)* は，ふたつの要素 (語句・節) の間におかれ，それらを対等の資格でつなぐ接続詞であり，つぎの6つである：mais, ou, et, or, ni, car (donc をこのリストにくわえる場合もあるが，副詞として機能する場合の方が多いので，ここでは除外する).

Il est intelligent, **mais** un peu paresseux.　　彼は頭がいいが，少しなまけものだ．

Il faisait très froid **et** la route était verglacée.　　とても寒くて，道路は凍結していた．

2) **従属接続詞** *(conjonction de subordination)* は，一方の節が他方の節のなかに組みこまれたり，補足したりするものとして示す接続詞である．前者の節を**従属節** *(proposition subordonnée)*，後者の節を**主節** *(proposition principale)* という．従属接続詞は従属節の初めにつく．Quand, comme, si, que, および que でおわる連語・複合語 (parce que, tant que, alors que, quoique, puisque, etc.).

Comme la voiture est en panne, nous ne pouvons pas aller en ville.

車が故障しているので，わたしたちは町に行くことができない．

▶ 同じ従属接続詞をくりかえすときは que で代用する．また，仮定の si にかわるときは que 以下は接続法．

Je t'aiderai quand tu auras le temps et **que** tu le souhaiteras.

きみに時間があって，きみが希望するときに手伝うよ．

Si vous êtes malade et **que** vous ne **puissiez** pas venir, téléphonez-moi.

あなたが病気でこられないときは，わたしに電話してください．

[Remarque]　　**虚辞的接続詞 que**

C'est une belle fleur **que** la rose.　　バラというのは美しい花だ．

Qu'est-ce que c'est **que** ça ?　　これって何？

このように，que は文の主題 *(thème)* をとりたて，それが判断の対象になっていることを後づけで明示するはたらきがある．とりのぞいても意味は通るので，**虚辞的接続詞** *(conjonction explétive)* とよばれる．

EXERCICES 〔153〕

つぎの各文中で, 接続法半過去および大過去の形はどれか, 指摘してください. また, それらの動詞の不定法を書いてください.

1. J'attendais que le ciel se dégageât, et que le soleil apparût.

   ....

2. Personne ne s'imaginerait qu'il lui eût offert un diamant.

   ....

3. Il semblait que le juge ne s'intéressât plus à moi et qu'il eût classé mon cas en quelque sorte. (A. Camus)

   ....

4. S'il eût été riche, il eût acheté un cadeau pour elle.

   ....

VERSION 〔154〕

1. L'étonnante petite vieille, que cette Mme de Villaplane. Qui eût deviné à voir son visage plein et lisse, un peu jaune seulement, qu'elle atteignait la soixantaine ? Ce nez pur, cette bouche encore fraîche, et dans l'amande du visage, sous les bandeaux à peine blanchis, ce regard noir et pressant : quel éclat elle avait dû avoir à vingt ans ! Sa voix aiguë était encore assez forte pour se faire entendre dans les scènes du haut en bas de la maison et même du voisinage. (Louis Guilloux, *Le sang noir*)

2. Généralement on devient ennemi des hommes parce qu'on a trop attendu d'eux et qu'on a été déçu dans la bonne opinion qu'on s'en était faite. De même on devient ennemi de la raison pour avoir mis d'abord en elle une confiance excessive. C'est une désillusion de ce genre qu'on retrouve au fond de l'argumentation des anciens sceptiques. Ils énuméraient tous les mauvais tours que nous joue notre raison, toutes les duperies par lesquelles elle nous abuse, tous les pièges qu'elle nous tend, toutes les déceptions qu'elle nous réserve. Et ils concluaient qu'elle est irrémédiablement menteuse. (Georges Palante, *Chroniques philosophiques*)

3. Dans la rue Tournebride, il ne faut pas être pressé : les familles marchent lentement. Quelquefois on gagne un rang parce que toute une famille est entrée chez Foulon ou chez Piégeois. Mais, à d'autres moments, il faut s'arrêter et marquer le pas parce que deux familles, appartenant, l'une à la colonne montante et l'autre à la colonne descendante, se sont rencontrées et solidement agrippées par les mains. J'avance à petits pas. Je domine les deux colonnes de toute la tête et je vois des chapeaux, une mer de chapeaux. La plupart sont noirs et durs. De temps à autre, on en voit un qui s'envole au bout d'un bras et découvre le tendre miroitement d'un crâne ; puis, après quelques instants d'un vol lourd, il se pose. (Sartre, *La Nausée*)

Appendice

78. 時制と叙法

動詞の**時制** *(temps)* とは，動詞のあらわす動作や状態が，時間のうえでどこに位置づけられるかを示すものである．

叙法 *(mode)* とは，話者が，動詞のあらわす動作や状態をどのように判断しているかを示すものである．おもな叙法の基本的機能は，以下のようになっている．

直説法 *(indicatif)* は，事実をありのままにのべる叙法である．

条件法 *(conditionnel)* は，一定の条件のもとにおかれた帰結としてのべる叙法である．

接続法 *(subjonctif)* は，頭のなかで考えられたことがらをのべる叙法である．

命令法 *(impératif)* は，文内容の実現を要求する叙法である．

不定法 *(infinitif)* は，動詞を語彙として代表する叙法である．

79. 単純時制と複合時制 *(temps simples et temps composés)* 155

フランス語の時制は，**単純時制** *(temps simple)* （動詞の語尾変化のみでつくられる）と**複合時制** *(temps composé)* （助動詞を用いる）のいずれかにわかれる．単純時制と複合時制は，つぎの表のような1対1の対をつくる．

単 純 時 制		複 合 時 制	
j' aime je pars	現在 *(présent)*	j' ai aimé je suis parti	複合過去 *(passé composé)*
j' aimais je partais	半過去 *(imparfait)*	j' avais aimé j' étais parti	大過去 *(plus-que-parfait)*
j' aimerai je partirai	単純未来 *(futur simple)*	j' aurai aimé je serai parti	前未来 *(futur antérieur)*
j' aimai je partis	単純過去 *(passé simple)*	j' eus aimé je fus parti	前過去 *(passé antérieur)*
j' aimerais je partirais	条件法現在 *(présent du conditionnel)*	j' aurais aimé je serais parti	条件法過去 *(passé du conditionnel)*
que j'aime que je parte	接続法現在 *(présent du subjonctif)*	que j'aie aimé que je sois parti	接続法過去 *(passé du subjonctif)*
que j'aimasse que je partisse	接続法半過去 *(imparfait du subjonctif)*	que j'eusse aimé que je fusse parti	接続法大過去 *(plus-que-parfait du subjonctif)*

それぞれの対で，単純時制と複合時制とは，(i) 形のうえで，(ii) 意味のうえで，それぞれつぎのような関係になっている．

(i) 形のうえで：対応する単純時制を助動詞として使うと複合時制になる．

(ii) 意味のうえで：複合時制は，対応する単純時制からみた過去や完了をあらわす．

80. 文の要素 *(constituants de la phrase)* ⌷156⌷

1. <u>Je</u> <u>travaille</u>. 　　S　　V	主語 *(sujet)* (S) 動詞 *(verbe)* (V)
2. <u>Je</u> <u>suis</u> <u>japonais</u>. 　　S　　V　　A	属詞 *(attribut)* (A)
3. <u>Pierre</u> <u>a</u> <u>une voiture</u>. 　　S　　V　　COD	直接目的補語 *(complément d'objet direct)* (COD)
4. <u>Je</u> <u>pense</u> <u>à mon examen</u>. 　　S　　V　　COI	間接目的補語 *(complément d'objet indirect)* (COI)
5. <u>Je</u> <u>donne</u> <u>ce livre</u> <u>à Pierre</u>. 　　S　　V　　COD　　COI	
6. <u>Je</u> <u>trouve</u> <u>Claire</u> <u>sympathique</u>. 　　S　　V　　COD　　A	
7. <u>Je</u> <u>travaillerai</u> <u>demain</u>. 　　S　　V　　CC	状況補語 *(complément circonstanciel)* (CC)

- 属詞 *(attribut)* とは，動詞を仲だちにして主語や直接目的補語の属性をのべる語である．2.では japonais は主語 je の属性をのべているので，主語の属詞 *(attribut du sujet)*，6.では sympathique は直接目的補語 Claire の属性をのべているので，直接目的補語の属詞 *(attribut du complément d'objet direct)* という．
- 補語 *(complément)* とは，フランス文法では，ひろく他の文要素の意味をおぎなう語のことをいう．そのうち，動詞のあらわす動作がむかう対象をさす名詞句を目的補語 *(complément d'objet)* という．
- 直接目的補語 *(complément d'objet direct)* とは，動詞のあとに前置詞をともなわずにおかれる目的補語のことをいう (3., 5., 6.)．間接目的補語 *(complément d'objet indirect)* は，動詞のあとに前置詞 à によってみちびかれる目的補語のことをいう (4., 5.)．ただし，直接目的補語，間接目的補語ともに，代名詞化されたときはそれぞれにきまった形態と語順になる (Leçon 8 参照)．
- 目的補語を必要とする動詞を他動詞 *(verbe transitif)* という．直接目的補語をとる動詞を直接他動詞 *(verbe transitif direct)* (3., 5., 6.)，間接目的補語をとる動詞を間接他動詞 *(verbe transitif indirect)* (4.) という．目的補語を必要としない動詞を自動詞 *(verbe intransitif)* という (1., 2., 7.)．
- 直接目的補語，間接目的補語は必須補語 *(complément essentiel)* (動詞の意味にとって不可欠)，状況補語は任意補語 *(complément facultatif)* である．直接目的補語は「直接補語 *(complément direct)*」，間接目的補語は「間接補語 *(complément indirect)*」と略されることもある．

▶ 英文法の用語になれ親しんでいるひとは，つぎの表で対比するように，フランス文法では英文法とはちがった用語をつかうことに注意．

フランス文法の用語	英文法の用語
主語 *(sujet)*	主語 *(subject)*
動詞 *(verbe)*	動詞 *(verb)*
属詞 *(attribut)*	補語 *(complement)*
直接目的補語 *(complément d'objet direct)*	直接目的補語 *(direct object)*
間接目的補語 *(complément d'objet indirect)*	間接目的補語 *(indirect object)*
状況補語 *(complément circonstanciel)*	副詞句 *(adverbial phrase)*
文 *(phrase)*	文 *(sentence)*
節 *(proposition)*	節 *(clause)*
句 *(syntagme)*	句 *(phrase)*

・名詞とおなじはたらきをする連鎖を名詞句 *(syntagme nominal)* という：
Les enfants aiment regarder la télé.　子どもたちはテレビをみるのが好きだ.

・独自の主語と，活用した動詞をふくみ，名詞とおなじはたらきをする連鎖を名詞節 *(proposition nominale)* という：
Elle sait que je l'aime.　彼女はわたしが彼女を愛していることを知っている.

・形容詞とおなじはたらきをする連鎖を形容詞句 *(syntagme adjectival)*（名詞の補語 *(complément du nom)*）という：
On va au café d'en face ?　向かいのカフェに行こうか？

・独自の主語と，活用した動詞をふくみ，形容詞とおなじはたらきをする連鎖を形容詞節 *(proposition adjectivale)*, 関係節 *(proposisition relative)* という：
Je vous montre le livre dont je vous ai parlé l'autre jour.　先日話題にした本をお目にかけましょう.

・副詞とおなじはたらきをする連鎖を副詞句 *(syntagme adverbial)* (状況補語 *(complément circonstanciel)* という：
Je chante en me rasant.　わたしはひげをそりながら歌う.

・独自の主語と，活用した動詞をふくみ，副詞とおなじはたらきをする連鎖を副詞節 *(proposition adverbiale)* という：
J'aime les chats parce qu'il n'existe pas de chats policiers. (Jean Cocteau)
わたしはねこが好きだ．警察猫というのは存在しないから．(ジャン・コクトー)

81. 句読記号 *(ponctuation)* (157)

.	point	ポワン，句点
,	virgule	ヴィルギュル，読点
?	point d'interrogation	疑問符
!	point d'exclamation	感嘆符
;	point-virgule	ポワンヴィルギュル
:	deux-points	ドゥポワン
...	points de suspension	中断符
« »	guillemets	ギユメ，引用符
( )	parenthèses	かっこ
[ ]	crochets	角かっこ
—	tiret	ティレ（トレデュニオン (-, §.2参照) とはちがう）

明快フランス語文法
La grammaire claire

著　者

©

渡　邊　淳　也

著者承認検印廃止

2011年3月16日　初版発行
2023年3月10日　改訂初版発行
2024年3月10日　改訂初版2刷発行

定価本体　2,000 円（税別）

発行者　　山　崎　雅　昭
印刷所　　泉インターナショナル有限会社
製本所　　壺屋製本所株式会社

発行所　**早 美 出 版 社**
東京都青梅市日向和田 2–379
郵便番号198-0046
TEL. 0428(27) 0995　FAX. 0428(27)3870
振替 東京 00160-3-100140

ISBN978-4-86042-097-0 C3085 ¥2000E
http://www.sobi-shuppansha.com

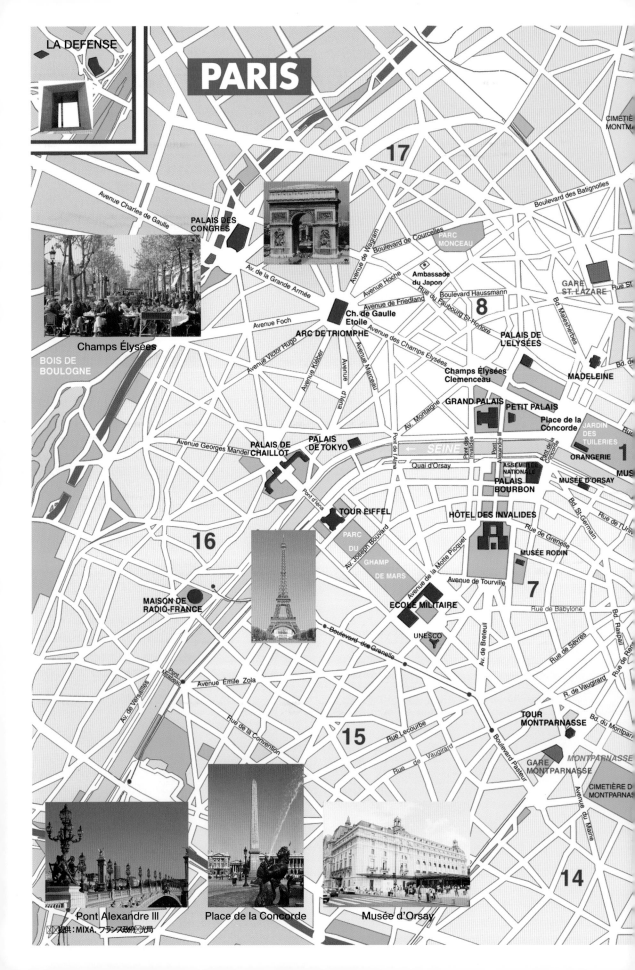

PARIS

LA DEFENSE

17

PALAIS DES CONGRÈS

Avenue Charles de Gaulle

Champs Élysées

BOIS DE BOULOGNE

Av. de la Grande Armée

Avenue Foch

Avenue Victor Hugo

Avenue Kléber

Avenue d'Iéna

Avenue Marceau

Avenue de Wagram

Boulevard de Courcelles

PARC MONCEAU

Avenue Hoche

Ambassade du Japon

Rue du Faubourg St-Honoré

Boulevard Haussmann

Avenue de Friedland

Ch. de Gaulle Etoile

ARC DE TRIOMPHE

Avenue des Champs Élysées

GARE ST-LAZARE

Rue St

Bd. Malesherbes

8

PALAIS DE L'ELYSÉES

Champs Élysées Clemenceau

MADELEINE

Bd. de

Av. Montaigne

GRAND PALAIS

PETIT PALAIS

Place de la Concorde

JARDIN DES TUILERIES

Rue

Avenue Georges Mandel

PALAIS DE CHAILLOT

PALAIS DE TOKYO

Pont de l'Alma

Pont des Invalides

← SEINE

Pont Alexandre

Pont de la Concorde

ORANGERIE

1

MUS

Quai d'Orsay

ASSEMBLÉE NATIONALE

MUSÉE D'ORSAY

Pont d'Iéna

PALAIS BOURBON

Bd. St-Germain

Rue de Turin

TOUR EIFFEL

HÔTEL DES INVALIDES

Rue de Grenelle

16

PARC DU CHAMP DE MARS

Av. Joseph Bouvard

MUSÉE RODIN

MAISON DE RADIO-FRANCE

Avenue de la Motte Picquet

Avenue de Tourville

7

Rue de Babylone

ECOLE MILITAIRE

Rue de Sèvres

Bd. Raspail

Rue de Re

Pont Mirabeau

Boulevard de Grenelle

UNESCO

Av. de Breteuil

Av. de Versailles

Avenue Émile Zola

Av. de Vaugirard

Rue de la Convention

15

Rue Lecourbe

Rue de Vaugirard

Boulevard Pasteur

TOUR MONTPARNASSE

Bd. du Montpar

Rue de Vaugirard

MONTPARNASSE

GARE MONTPARNASSE

CIMETIÈRE D MONTPARNAS

Avenue du Maine

14

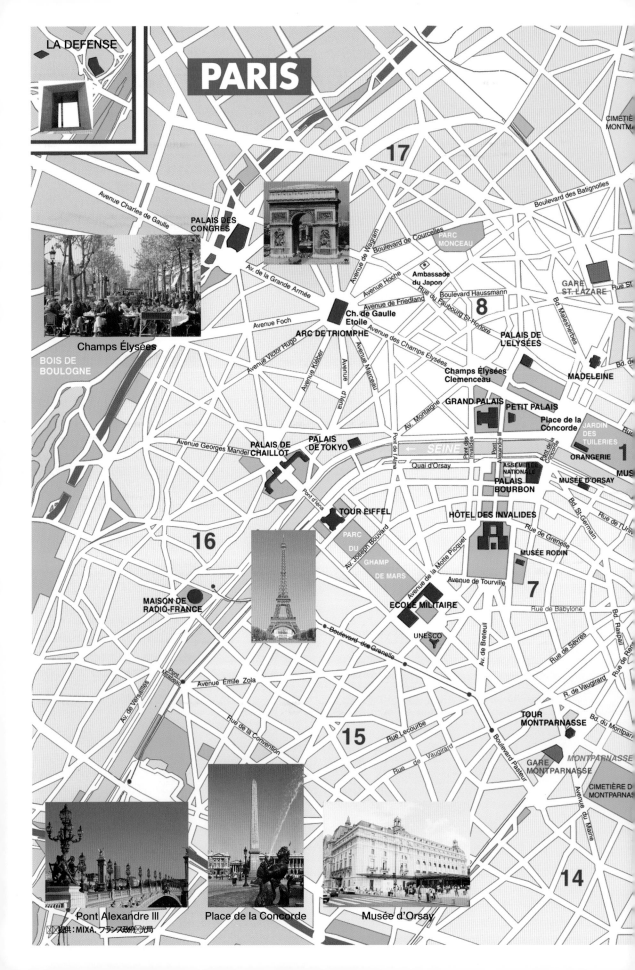

Pont Alexandre III

Place de la Concorde

Musée d'Orsay

CIMETIÈ MONTM